「天台学」

―仏の性善悪論―

竹本 公彦

Takemoto Kimihiko

風詠社

＊本文中にある「大正」「卍続」という表記とその後に続く数字とアルファベットは、それぞれ『大正新脩大蔵経』『卍続蔵経』とその巻数、段（a＝上段、b＝中段、c＝下段）を表したものです。

はしがき

「南無阿弥陀仏の念仏は、言葉になった如来である」とは、大阪大学名誉教授大峯顯先生の言葉である。

仏身には、法身、報身、応身の三身があり、応身仏は南無阿弥陀仏の念仏になることができる。仏は念仏になればいつでも私と一体であり、私が念仏するたびに私の口から出て下さる。いつでもどこに居ても私から離れることはない。仏と私の関係は一体なのだ。機（私）と法は、常に一体なのだ。

幽渓伝灯は「性善悪論」を説いている。性に善と悪があるというのは、私の性には善（仏）と悪（私）が一体になって存在しているという意味である。

天台学では「十界互具」を説くが、これを具体的に言えば、十法界の中で仏界が現れているときには人界を含むところの仏界以外の九界は冥伏しているという。冥伏とは存在していないという意味ではない。隠れているということである。単直に言えば、目に見えないという意味である。したがって、人間界が現れているとき、仏界は冥伏していると言うことができる。仏と私は見える見えないにかかわらず、同時同処に存在しているのだ。常に機法一体ということである。言い換えれば、仏と私は一体なのだ。私がいれば必ず仏がいる。仏がいれば必ず私はいるということである。逆に、私がいなければ仏もいないのだ。

応身仏は言葉になることができる。南無阿弥陀仏の念仏になれる。それ故、私の口から出る念仏は応身仏であり、私と同時同処に応身仏は居られるのである。

さらに、伝灯は『性善悪論』(卍続101・851a－b)中で「以仏界現起。則九界冥伏。於一性之中。随外熏縁強弱不同。如初起一念仏界之心。名造居凡夫」と述べている。この言葉は、先に述べたことを裏付ける資料となるものである。伝灯の具体的な真意は慈雲遵式の項で詳細に説明する。

中国の天台哲学は、非常に難解であるとの意見が多い。私が、先輩学者の著作を読んだ限りにおいては、そのことを肯定せざるを得ない。

だが、はたしてそうだろうか。私見だが、そこには多くの誤解があるようだ。それは何故か。天台学の論理構造、理論展開、原典の理解などの問題がある。

天台学の専門用語の理解には手順がある。まず、その構造と構成を正しく理解する必要がある。私が、そのことを痛感する契機になったのは、清朝の達黙の『浄土生無生論会集』を参照して、幽渓伝灯の『性善悪論』と『浄土生無生論』を読んだときである。達黙は述べている。天台哲学の根幹は「無自性」と「縁起」に在ると。

何のことはない。天台の難解な哲学も、釈尊が説かれた「無自性」「縁起」を忠実に継承していたのだ。天台は、仏教の基本に忠実な継承者なのである。それ以外の何物も省いたり、付加してはいない。天台は、「十界互具」「三諦円融」「一念三千」「即空即仮即中」などの華麗で高度な概念も、その成立基盤は、「縁起」（存在が関係することによってのみ存在する）と「無自性」（存在が自己否定することによる在りよう）に依拠している。

十法界という迷悟を異にするものの「具」は、互いが「縁起」「関係」であるから成立し、個々が「無自性」だから可能なのである。もしも逆に、両者（迷悟）が「縁起」の関係でなく個々に「自性」があるならば、天台の三概念が成り立たないことは明白である。

「即」という概念については、達黙の理解によれば、天台では「具」と同義で使われている。つまり、空、仮、中の三諦（諦は、客観、主観の観察の対象となるもの）は、「具」の関係、「縁起」であるのだ。その根拠は、空も仮も中も「無自性」だからである。

幽渓伝灯は、非凡な思想家である。その優れた思想は、智顗、湛然、知礼、智旭ほど知名度が高くはないが、内容の深さ、高度さは、決して遜色がないというのが、私の見解である。その理由は、彼が天台の性善悪説を提唱した功績による。

無自性、縁起の仏教的基礎概念を踏まえながら、智顗の『摩訶止観』『観音玄義』の記述と、慈雲遵式の『円頓観心十法界図』の十法界のすべての人物像が描かれている一枚の図の中から、具の概念を見つけ、さらに現起と冥伏という善と悪が同時に存在する概念を創造したことによる。このことに依拠して、彼は新しく性善悪説の理論を構成したのだ。

伝灯は、何故『性善悪論』を書いたのだろうか。

これが、本書の最も重要なテーマである。だが、その答えは既に出ている。

彼は次の文章に基づいて、「具」が天台の教義を象徴していることを理解し、この書の中でその意味を論述したかったからである。

只一具字。弥顕今宗。(『観音玄義記』卍続101・797b)

これを伝灯は、懐則の『天台伝仏心印記』から引用した。懐則もまた、知礼の『観音玄義記』に述べられているこの言葉を引いている。したがって、この言葉の元の出典は『観音玄義記』ということになる。

ところでこの「具」の意味は、「序論」と「幽渓伝灯の性善悪思想」の「具」の論述の項で解説しているが、「縁起」と同義だ。したがって『性善悪論』を家に喩えれば、土台は「縁起」「無自性」であり、骨格は「具」と「即」ということになる。その他の概念である「性と修」「現起と冥伏」「権と実」「不変随縁と随縁不変」「真如と如来蔵」は、屋根、壁、装飾、設備などに当たる。

要するに伝灯は、「具」が「縁起」の意味であることから、従来から天台の「性」説として著名な「性悪説」は「縁起」を充分に表すものではなく、また、智顗の『観音玄義』や『摩訶止観』の主張とも若干異なるのではないかと思い、自身の「性善悪説」こそ「縁起」の理にかなうものだと考えた。「縁起」とは、これあるが故に彼あり、彼がなければこれもないという意味である。「性」は単に「悪」のみでは「縁起」ではなく、「性」に「善悪」が揃ってこそ「縁起」なのだと考えた。伝灯は、「性」と「性具」が「縁起」であることを論述するために、「性善悪論」を著述したのだとも言える。この点は「序論」と「本文」の中で詳細に論じている。

さらに、それ以外の私が重要と考える概念「現起と冥伏」「即」「不変随縁」「真如」「如来蔵」などについても触れた。「性善悪論」の解釈を、論理的、構造的に補強するためである。「性善悪論」は、「縁起」「無自性」を下部構造として、その他の諸概念を上部構造にして成立しているというのが私の考えである。

本書の上梓に際しては、東京大学の横手裕先生に格別のご指導をいただきました。深く感謝申し上げたいと思います。学部、大学院では、指導教官として丁寧且つ懇切なご教授を賜り、社会人になってからもご指導を続けていただいており、大変幸せに思っています。

目次

はしがき …… 3
序論 …… 11
前提条件／論者の立場／具と即／無自性と縁起
第一章　幽渓伝灯の性善悪思想 …… 43
第一節　伝灯の履歴 …… 44
第二節　伝灯の性善悪思想 …… 48
性と修／性悪と性善悪説の影響／現起と冥伏／権と実／不変と随縁／真如と如来蔵／心仏衆生の三法

第二章　幽渓伝灯の思想形成 …… 113
第一節　百松真覚の『三千有門頌略解』 …… 114
真覚の履歴／真覚の思想と伝灯への影響
第二節　虎渓懐則の『天台伝仏心印記』 …… 127
懐則の履歴／懐則の思想とその影響
第三節　慈雲遵式の『円頓観心十法界図』と伝灯の『真如随縁十界差別之図』 …… 155
遵式の履歴／遵式の思想／遵式の『円頓観心十法界図』の伝灯への影響
第四節　四明知礼の性悪説 …… 191
知礼の履歴／知礼の性悪説の伝灯への影響
結論 …… 205

序論

幽渓伝灯の教学の研究は、彼が明末のかなり著名な天台学者であり、数々の優れた著作を残しているにもかかわらず、ほとんどなされていない。

私の知る限り、安藤俊雄氏の短い論文「幽渓傳燈の教學」(註1)以外にない。真に残念なことである。何故か。はしがきでも触れたように、伝灯が、従来から天台性説の支配的概念であった性悪説を克服して、新しく性善悪説を創造したからである。その詳細について、これから論述していく。

ここで論じるのは、伝灯の主張する性善悪説である。再度言うが、この思想は伝灯の創造によるもので、しかも彼以前の天台学の性説である性悪説を完全に否定するものだ。天台の性悪説は、智顗の『観音玄義』(註2)の中で初めてその骨格を顕してから、宋代の天台中興の祖と称えられる四明知礼の『観音玄義記』(註3)によって、思想的にほぼ完成され、それ以降、天台思想の個性的な中心思想となった。

そもそも中国仏教では、華厳、禅、浄土をはじめとする各宗派の如来の性思想はすべて性善説であり、如来性悪説を主張した天台は、中国仏教では異端とみなされてきた。この千年になんなんとする期間続いてきた天台性悪説は、幽渓伝灯の『性善悪論』の上梓を見るまで、「天台学」の「仏の性」説であった。

だが彼は、従来の天台学の定説、性悪説に対抗して性善悪説を主張した。この彼の主張の内容と根拠は、自身の著作『性善悪論』の中で詳細に論じられている。私は、この性善悪説が伝灯の後学の智旭による性善説提唱の契機となったと考えている。

さて、序論では前提条件について述べる。この論文を書いていく際に、前提となる条件についてである。何故か。私の論文の意図を正しく理解していただくために絶対に必要な事柄を、事前に申し上げておくためだ。次に、論者の場所について触れる。伝灯と私の立ち位置である。どのような立場から伝灯の性善悪説を論じているのかということである。そして、彼がどのような立ち位置で自説を展開しているかを説明したい。

ところで、伝灯の性善悪説の理論構成の構造のうち、土台と骨格を形作っている概念について先立って論じる。そのほうが本論の理解を容易にすると思うからだ。

まず、彼の性善悪説を構成している基礎の概念は「無自性」と「縁起」である。これは、伝灯のみならず智顗においても同様だ。要するに、天台学を理解するためには、交響曲になぞらえれば、低音部に流れているこの基礎的概念を発見しなければ、かの複雑、華麗、高度な論理の理解は困難を極めることになろう。

次に、骨格を形作る概念「具」と「即」を論じる。この二つを成り立たせているのは、前述の無自性と縁起である。この土台の上に具と即は成立している。そして、性善悪説の最重要部分を構成している。その他の重要な概念は、具と即を前提にして成り立っているからだ。

だが、序論では性善悪論の基礎と骨格だけに触れ、他の概念は本論に譲る。注意深く読んでいただければ、無自性、縁起、具、即が、本論の構成に重要な役割を果たしていることをご理解いただけると思う。本論で取り上げた伝灯以外の人物の順序は、時系列に従っていない。伝灯に時間的に近い人物から始まり、だんだん遠くなっていく。何故そうしたかというと、この順序で伝灯の思想が構成されていったのだと考えたからだ。

さて、この中で伝灯の性善悪説に特に大きな影響を与えたのは、智顗と慈雲遵式と四明知礼である。智顗は伝灯の『性善悪論』の構造に影響を与えた。遵式は伝灯にとって教師であり、知礼は反面教師だ。立場は異なるが、彼らの影響の大きさは否定できない。

前提条件――

伝灯の著作は、天台思想と浄土思想の二系統に大きく分けられる。

本書では天台思想関係について論じ、彼の浄土思想関係については稿を改めて上梓したい。彼の本業は天台学であり、浄土思想はいわば副業と考えられるからだ。彼の思想について論ずるにあたり、筆者と読んで下さる方々との間に約束事を二つしておきたい。つまり本書の内容に関する前提条件とでもいうことである。

まず一つ目について。天台学思想の事実上の創始者は天台大師智顗である。彼の思想は仏教学の基礎を徹底的に重視するから、著作の基盤は釈尊によって説かれた無自性、縁起にある。すなわち、智顗の思想は無自性と縁起の哲学と言い換えられる（彼の哲学については今後、著述する予定）。彼の思想は、あくまで実践に裏打ちされたものであり、止観（仏教における瞑想のこと）の体験内容が実践者（以後主体と呼ぶ）の立場から記述されており、文意を解釈しようとすれば必ず主体にとっての場所（止観の場所）に立ち返らなければならない。私は智顗の著作を理解しようと試み、彼の著作に注釈をつけた学者たちの著書にも目を通したが、それらを読むたびに多少の違和感を覚える。それは、智顗と注釈者との立ち位置に微妙なずれがあるからだと思う。

例えば、智顗の『法華玄義』(註4)とその注釈書である湛然の『法華玄義釈籤』(註5)、智顗の『摩訶止観』(註6)、さらにその注釈書である湛然の『止観輔行伝弘決』(註7)を比較して読んでみると、私の心の中に違和感が生じるのである。それは、智顗が自身の止観の体験を文章化したものを湛然が机上に置いて、彼自身の見識で解釈した言葉で記述していることに起因しているからだと思う。

ひとたび体験された内容の記述が、他人によって解説を加えるために客観視されれば、そこには客体化という行為が生じる。そうなれば、この体験はもはや主体にとっての場所から遊離したところで処理されていることになるのだ。つまり、わずかであってもずれが生じることは避けられないのである。

禅宗に「不立文字」という考えがある。体験の内容が言語化されるのを退けることを意味しているのだが、要するに、体験の内容をそのまま言葉にすることは不可能であり、強いて文字化しようとすれば、それはもはや体験の内容そのものではないと考えられるからだ。

ここで性と呼んでいる概念の詳細について伝灯は、『性善悪論』〈巻一〉で次のように述べている。

夫性者理也。性之為理。本非善悪。古今之立論。以善悪言者。無乃寄修以談性。借事以名理。（『性善悪論』〈巻二〉卍続101・839b）

性は理であり、性を理となす。本来、性については善悪と言ってはいけない。従来、善悪によって言えば、本性についてではなく修（働き）に寄せて性を論じ、事を借りて理を言っているのだ。

従来から、善悪を論じるときは本性について論じるのではなくて、行動（働き・作用）に基づいてであり、つまり性を論じるときは修（行動）に寄託して論じ、事（存在もしくは現象）を借りて、理（真理、真如）を言うのだと説明している。

伝灯はここで、従来の性悪説、他の宗派や儒教の性善説とは一線を画した視点から自説の性善悪説を論じている。その具体的な点は後に触れるが、その前に、天台学に馴染のない方々のために、ここに登場する天台学の主要な概念について簡単に説明しておきたいと思う。

天台学では「性」は「修」に対置される。「性」は本性、根本的な性質、本質的な性質を意味し、「修」はその働き、作用の意味で用いられる。この性と修の関係は、「体」と「用」

の関係に似ている。「体」は本体のこと、「用」は作用、行為、働きのことをいう。
天台の体について伝灯は、『法華玄義輯略』の中で次のように説明を加えている。

二正顕体者。即一実相印也。三軌之中取真性軌。十法界中取仏法界。（『法華玄義輯略』卍続44・764b）

体は即実相印である（ここで伝灯が言っていることは、体に実相印を具している。体と実相印は縁起の関係にあるということ）。体は体として存在しており、実相印は実相印として存在しているが、両者の関係が即であり、具であり、縁起であることを意味している。十の法界、すなわち仏法界、菩薩法界……地獄法界の中では、仏法界を「体」とする。

つまり、十ある法界においては仏法界を本体として、その他の法界は「用」に相当する。だが天台では、仏法界はその他の法界を具しているから、「体」もまた「用」を具す。そして、用の他の法界もまた仏界の体を具している。智顗の言う「十界互具」という意味である。さらにまた、体と用は縁起の関係にある。体があれば必ず用があり、用がなければ体もないのだ。

論者の立場——

第二に、論者の立ち位置の問題について論ずる。伝灯は、智顗や知礼とともに、止観を実践する自己をイメージして理論を組み立てている。彼の性善悪説は、彼自身の止観の体験が反映されているのだ。ここに智顗の『法華玄義』の文章を紹介する。彼がどのような立場で止観を行ったかが理解できるだろう。

広釈心法者。前所明法。豈得異心。但衆生法太広。仏法太高。於初学為難。然心仏及衆生是三無差別者。但自観己心　則為易。（『法華玄義』大正33・696a）

己心の観察を通じて仏法や衆生法の観察へと、その対象を広げていくのが良い。広義の心法を解釈すれば、前に明かすところの法はどうして心と異なろうか。ただ、衆生法は甚だ広く、仏法は甚だ高い。だから、初心者にとっては難しい。ところが「心」「仏」及び「衆生」、この三法は差別がないから、自ずと自分の心を観ずることが易しい。

智顗はこのように説いて、己心を観じることを勧めている。したがって、天台の止観では専ら己心を観察するのだ。

そのような理由で、己心は止観する主体にとっての場所であり、そこから存在の検証を行うことになるというわけだ。つまり見られる側、すなわち対境である自己の心を、観る側、すなわち主体である自己の心で観心するということになる。言い換えれば、彼自身の内心が、観られている心と観ている心に分けられ、その統体が自己の一心の中の行為となるのである。彼の心は、見る側の己心と見られる側の己心の統体なのだ。そう考えれば、見られる側の己心の中に衆生心も仏心も含まれるから、この中に十界も三千もまた存在しているということになる。この状況を伝灯は具と呼んだ。この具を前提にして『性善悪論』は記述されている。これは、無論智顗や知礼に連なる立ち位置でもある。

存在を、このように主体にとっての場所で論ずれば、境や観について触れることは自己の一心の行為に言及することになり、自己が凡夫であるから自己の妄心上の出来事を記述することにもなる。智顗が『摩訶止観』で説いている止観という行為を文章で強いて説明すれば、このようになるであろう。

こうした前提に基づいて、幽渓伝灯の思想を彼の著作に寄り添いながら論じていきたい。

本書のタイトルを『「天台学」―仏の性善悪論―』としたが、時間の制約と私自身の能力不足のため、伝灯の思想の全般を対象にはしていない。ここで引用した伝灯の著作は、彼が天台学にとって主要な概念と考えているものの中から、『性善悪論』『天台伝仏心印記註』『法華玄義輯略』に限定せざるを得なかった。また、それだけでなく、今回の論述の対象をさらに絞って、それらの著作の中に登場する少数の概念に限定している。それらは「縁起」「無自性」「具」「即」「不変随縁」「現起」「冥伏」「権実」「真如」「如来蔵」「三心」などである。

これらの諸概念は、状況に応じて単独で論じられたり結合して検証されたりするが、その立場は一貫している。それを検証する立場は常に主体にとっての場所であり、客体化され、解釈される対象ではない。あくまで行者が、止観の場で体験したことの表現を検証するのである。

例えば、天台学においては、何故止観の対境は一念の妄心であって、真心ではいけないのか。それは行者が止観に取り組むとき、己の心を己の心で観察するからであり、そこに仏や地獄を観るからである。観る主体も観られる対象もあくまでも己心だから、凡夫の自己の心である。さすれば、仏も地獄も他の法界も己の心に具していることになる。このときの「具」は、主観としての己心と客観としての己心が「互具」しているということになるのだ。このことは、己心が無自性であり縁起であることによってのみ成立し得る論理である。もしも存在が孤然（註8）として在るならば、この論理は成立しない。「無自性」と「縁起」の論理は、本格的にはまず智顗の著作に登場するが、これが主体にとっての立場、止観の実践の経験に基づいて論じられているので、客観化して説明するのが難しく、理解するのは容易ではない。主体の体験を言葉にして表現することの困難さと共通する。

唐代になり、智顗の著作である『法華玄義』『摩訶止観』『法華文句』（註9）に、湛然が『法華玄義釈籤』『止観輔行伝弘決』『法華文句記』（註10）などの注釈書を著して、説明を加えて客体化するようになると、この注釈を加えるという作業によって、智顗による実践体験が綴られたものがいつしか客観視されるようになり、智顗の著作の立ち位置が曖昧になっていく。そのため智顗の真意を誤解するものが出るようになった。これが後に、彼の智顗の著作の心の解釈をめぐって、趙宋時代、山家・山外の長期の大論争に発展していくのである。

この論争は、天台学という立場では智顗の止観の立ち位置を守り、主体にとっての場所から智顗の思想と実践を解釈することにこだわった知礼に正当性があるということで、一応の幕引きをしたのだが、この論争を生んだ遠因は、湛然が智顗の著作を説明しようとして、智顗の止観の体験の客体化を図ったことが原因だった。しかし、それは湛然だけの罪ではない。

誰であれ、他人が体験したことを第三者に説明しようとすれば、読者の理解を助けるために色々と説明を加えるため、自ずと体験自体が客体化されるしかないのだ。

本書では、伝灯の天台教学に影響を与えた思想家として、智顗、知礼、真覚、遵式、懐則を取り上げた。智顗、知礼、真覚、遵式、懐則については詳説している。その理由は、彼らが『性善悪論』の著述過程で大きな影響を与えた存在だったからだ。

思うに幽渓伝灯は、天台の伝統的な「性悪説」を否定し、同時に当時流行していた禅や華厳及び陽明学の「性善説」とも一線を画した上で、「性善悪説」の立場に立ったのだ。だから、その主張を具現した『性善悪論』を上梓するに際しては、周到な準備をして臨んだはずである。

伝灯の六巻もの著作『性善悪論』を読むとき、私は痛いほど彼の心配りを感じる。本文中に『性善悪論』の中から多くの且つ長文の引用をしているが、それは伝灯の主張をできるだけ正確に、精密に紹介したいが故である。

具と即――

伝灯は考える。法は縁起の在りようだから、その実体は即空即仮即中であり、主体の三観と三千の妙境もまた一念心を以て統体とすると。彼はこの在りようを具と言っている。だから、即は具と同義だと見る。彼はこのことを別の側面からも説明している。伝灯は、先に挙げた十界について次のように言っている。

此十皆即法界。摂一切法。一切法趣地獄。是趣不過。當体即理。更無所依故。名法界。乃至仏法界亦復如是。若十数依法界者。能依所依即入空界也。十界界隔者。即仮界也。十数皆法界者。即中界也。欲令易解如此分別得意。為言。空即仮中。無一二三。如前云々。此一法界具十如是。十法界具百如是。又一法界具九法界。則有百界十如是。束為五差。一悪二善三二乗四菩薩五仏。判為二法。前四是権法。後一是実法。細論各具権実。且依両義。然此権実不可思議。乃是三世諸仏。二智之境。以此為境。何法不収。……此境発智。何智不発……故文云諸法。諸法者。是所照境広也。唯仏與仏乃能究盡者。明能照智深窮辺盡底也。（『性善悪論』卍続101・752b–753a）

この十皆即法界の「十」というのは、仏、菩薩、縁覚、声聞、天、人、修羅、餓鬼、畜生、地獄の十法界のことで、いずれも即法界であり、無自性、縁起の在りようをしている。それ故、十法界それぞれの関係は縁起でもある。仏界は菩薩……地獄の九界を具す。仏界があるのは、その他の九界があることによる。もしも他の九界がなければ、仏界も存在しないということだ。それぞれの法界が孤然とした在りようをしているなら、この天台の論理は成り立たない。「十皆即法界」のこの十と法界も、具の在りよう、縁起の関係なのだ。ここで即法界というのは、すべての界は法界（ここでは仏法界、すなわち真如の意）を具しているという意味である。地獄界も仏界も互具しているから、同じく法界である。そして、主観にとっての十界も客観的法界も、それ自身の存在様態ではなく、実体がない存在形態だから、その在りようは空であり、十界の別があるのは自己否定された在りようであるにもかかわらず、縁起の在りようだから仮である。仏……地獄、この十は皆法界であり、一切法（あらゆる存在）をおさめている。この法界の本体は理であり、中の在りようながら、空と仮が中に飲み込まれてしまうのではなく、各自が自己主張をしつつ存在しているのだ。仏界も……地獄界も空の在りようであり、同時に仮の在りようでもあり、さらに空と仮を具した中の在りよう、つまりであるが、同時に空・仮・中の在りようでもある。それ故、即空即仮即中の在りよう、つまり法界である。

伝灯は、この十界互具の在りようを現起と冥伏でも説明できると考えている。具体的には、慈雲遵式の『円頓観心十法界図』(註11)を論じるところで詳細に説明しているが、簡略に紹介すれば、伝灯は慈雲遵式の『円頓観心十法界図』の十法界すべての人物が描かれている唯一の図(註12)から、十法界の互具と仏法界の善とその他の九法界の悪が同時に存在していることを見抜き、智顗の『観音玄義』にある「性善冥伏」「如蓮華在泥」の句から、互具が現起と冥伏で説明できることを発見したのである。

十法界の各法界の在りようが、それぞれ現起と冥伏であるということは、それぞれの法界に善と悪が存在しているということである。つまり、一性中に善と悪が存在しているのだから、性に善悪があるという性善悪論を創造したことになるのだ。

ところで、現起というのはどのような意味か。一例として仏法界を取り上げると、その仏法界がただ今は現起しており、他の九法界は現起していない。この九法界の在りようを、伝灯は冥伏と呼ぶ。冥伏とは現起していない法界の在りようのことである。具体的に言えば、菩薩法界以下、地獄法界までの九法界の在りようを指す。だから、それぞれの一法界を切り取れば、その一法界が現起して、その他の九法界は冥伏しているのだ。この冥伏というのは、ただ今、無とか不在の意味ではない。隠れているが存在しているという意味である。現起と冥伏は、存在の様態は異なるが、同時にあるということなのだ。

仏界には、善の仏法界と悪の九法界が同時に存在している。善悪ともにある。他の九法界の場合はどうか。菩薩界について言えば、菩薩界が現起して仏界やその他の界は冥伏している。だから、菩薩界にも善悪は存在しているのだ。これらの在りようは現起と冥伏だから、修ではなく性についての論述である。伝灯が性善悪説を主張するのは、このような理由による。故に、彼は『性善悪論』の一巻に多くの紙面を割いて(註13)、慈雲遵式の『図円頓観心十法界』の解説をしたのだ。表現を変えれば、一法界具九法界ということになる。この具は、ある法界、ある存在、ある状況の一方的な在りようを意味するのではなく、互具すなわち互いに平等な関係、縁起の在りようを指しているというのである。一方が存在するから他方も存在する。一方が存在しなければ他方も存在しないという意味だ。

幽渓伝灯の性善悪思想を論ずるにあたり、まず具と即の概念の検討を行いたい。何故か。四明知礼の次の言葉に代表されるように、具こそ天台を代表する概念だからである。知礼は言う。

只一具字。弥顕今宗。以性具善。諸師亦知。具悪縁了。他皆莫測。（『観音玄義記』大正34・905a）

この言葉は、懐則の解説によれば、知礼の『観音玄義記』で次のように述べられている。

此之六句共二十四字語。本出四明尊者。観音玄義記中。玄義乃天台大師。釈法華経。（註14）

そもそも、『観音玄義』というのは、『法華経』中の「観世音菩薩普門品」の注釈書のことである。記とは、その『観音玄義』のさらなる注釈をしたもので、疏に相当する。そこに具という字こそ、天台を代表する概念だと知礼は述べている。

この言葉を記述した知礼の意図がどれほどのものであったか、正確に指摘することは難しいが、知礼の意図とは関係なく、後世の天台学者で性悪説を堅持した人々には、極めて強い印象を残したことは間違いない。虎渓懐則の『天台伝仏心印記』（註15）や慈雲遵式の『円頓観心十法界図』が法界観に与えた影響は小さくはない。したがって、これらの著書に影響を受けた伝灯もまた、十分な刺激を受けたことは事実だ。百松真覚の『三千有門頌略解』に、次のような文章がある。

古師云。只一具字弥顕今宗。故曰。惟一具字顕今宗也。當知。他宗惟談法性。法性之談是今性体、性量。彼闕性具。是故今宗超勝於彼。（『三千有門頌略解』卍続101・335b）

ここでいう古師とは、知礼のことである。真覚の言によれば、他宗が法性について説くとき、性、性量については触れるが、性具の概念が欠けているという。それ故、性具を言う天台のほうが、他宗よりも遥かに優れているのだ。

このように、真覚は性具の概念を天台性悪説の眼目と考えたふしがある。だが、性善悪説を唱えた伝灯は、性具の具を縁起、無自性、現起、冥伏、即と、状況に応じて使い分けている。そして、具にさまざまな意味を与えるだけでなく、知礼の性悪を性は理であり「善悪はない」とし、その概念を大きく変貌させてしまった。伝灯は、性無善悪あるいは性善悪を唱えて、ついには自著の名を『性善悪論』としてしまったのだ。

さて、只一具の字が最もよく天台の教義を顕しているとの言葉は、懐則、真覚、伝灯らによって強調されているが、四明知礼の『観音玄義記』からの引用である。知礼自身が、具こそ天台教学における最も重要な概念であることを認めており、懐則、真覚、伝灯ら後輩三人も知礼の見解を継承しているから、本書では具の意味の検討から入りたい。具と即の検討に入る前に一言述べておきたい。具と即の項は、この節だけでなく、智顗、知礼、遵式、懐則、真覚のところでも触れるので、これらをも含めて考慮していただきたい。

ではまず、伝灯が考える具と、今一つの概念「即」とはどういう意味を持つのか。

然則十界即三因也。三因即十界也。雖然相即。而有性善性悪之殊。本具九界三因。名為性悪。本具仏界三因。名為性善。而此十界善悪三因。既居於一性之中。（『性善悪論』卍続101・846a）

然ればすなわち十界即三因なり。三因即十界なり。然りと雖も相即す。而も性善性悪の殊りあり。本と九界の三因を具す。性悪と名づく。本と仏界の三因を具す。性善と名づく。而して此の十界の善悪の三因は既に一性の中に居る。

これによると、伝灯は即を単に相即の意味だけでなく、即にそれ以上の意味を担わせている。文脈から読み取れば、ここに登場している即は縁起と解釈できる。さすれば、ここの即は縁起を触媒にして、さらには具、性即、性具、三因即、三因具というふうに解釈してもさしつかえあるまい。この即について伝灯は、虎渓懐則の『天台伝仏心印記』の注釈で次のように述べている。

迷情須破。故用即空即仮即中。達此一念修悪之心。即是三千妙境（註16）。（『天台伝仏心印記註』卍続101・807b）

迷いの情を打ち砕き、即空即仮即中（具）を用いて、この一念修悪の心に達することが、三千の仏の境涯である（三千の仏の境涯は迷いの情を具し、さらに一念修悪の心をも具すという意味）。

情可破。法不可破。法不可破。故体本明浄。不断繊毫。其如迷情。難消。故宜用即空仮中三観。破之。雖曰破之。実無他法可破。祇以三観。達此一念根塵対起之心即是三千妙境。則三諦三観。修之與性。自然成矣。（『天台伝仏心印記』卍続101・807b）

情を退けるべく、法を退けてはならない。法は退けるべきではない。法体は本来、明らかで、清らかである。細い糸を切断してはならない。それは迷いの情のようなもので、消すことが難しい。だから、即空仮中(註17)を用いるのがよい。空観仮観中観は、これを退ける。これを退けると言うけれども、実のところ他に退けるような法はない。ただ、三観によって、この一念に達すれば、根（主観）と塵（客体）が関わって、起こす心は三千の妙境を具す。客体である空仮中の三諦、主観である空仮中の三観は、修（働き）と性（本性）とを自然に成就するのだ。

伝灯は即を三観によって即空即仮即中を破するが、実際のところは破すべき法はないのだ。ただ、主体の空観、仮観、中観の三観によって、客体の「根塵対起する一念」の心が「三千の妙境」と即是になると述べている。この即は単純に同一という意味ではない。空は空であり、仮は仮であり、中は中という独自性を持っていながら、即となる。つまり、縁起の意味を持っているのだ。

伝灯が取り上げているところの智顗の著作『摩訶止観』の中で、即空即仮即中の意味を解釈して、一念の心も空、仮、中の三観も、三千の妙境も縁起の法の在りようだから、具と同義であるとする。空、仮、中の関係は単なるイコールではなく、この三者はそれぞれ別のものであり、それぞれが独自性を持ちながら関わる具の関係にあり、このことを詳細に説明すると、空に仮と中を具し、仮に空と中を具し、中に空と仮を具す、というのが即の意味なのだ。別の角度から見ると、根塵対起の一念の心は、主体の空、仮、中の三観を具し、さらに客体の三千の妙境をも具しているのだ。一念の心は主体の心と客体の心の統体であると言っているのだ。一念に三千が具されており、妙境が根塵対起の妄心を具す関係にある。具は相反する価値観のものを平等に包み込んでいるのだ。だから、伝灯によれば主体の三観と客体の三諦もまた具(註18)と縁起の意味になるのだ。

無自性と縁起――

ここに登場する仏教学者たちは、言うまでもなく仏教の原理、すなわち基本概念の基盤に依って論じている。その基本概念とは、言葉を換えれば釈尊が説かれた無自性と縁起である。無自性というのは、文字通り「自性が無い」「性の自己否定」（つまり自己の本性が存在しない、われわれ凡夫が認識しているような存在の様態（在りよう）ではない、これとは別の存在の様態である）ということだ。このことについての天台の見識の詳細は後述するが、端的に述べれば、無自性というのを天台では即空即仮即中、つまり即の存在形態、あるいは具の在りようと定義付けている。縁起とは「因縁の法において存在する」という意味で、別の表現をすれば「存在同士が関係する（関わり合う）」ことによってのみ存在できる在りよう（孤然としては存在できない）であるから、これまた具の在りようである。

具体的資料として、ここに隋代に活躍した天台学の実質的な祖である天台大師智顗の『摩訶止観』の文章を紹介する。

一切法不生不住。因縁和合而得生起。（『摩訶止観』〈巻一下〉大正46・10ａ）

一切法は生じないし、止まらない。因縁和合（縁起）して生ずるのである。

智顗は、一切の存在の在りようは、そのものとして生ずるのでもなく、そのものとして止まっているのでもない。因縁和合して生ずると理解している。法の在りよう、存在の在りようは、そのものとしての、孤然とした在りようではない。和合して縁起によって生じ、縁起の在りようをしていると述べている。

したがって天台では、物が存在している、生じている場合、必ず縁起だというのが、智顗以降、存在の原理として受け継がれていく。湛然も知礼も伝灯も然りだ。このことは、天台哲学の不動の不可侵の原則だ。

夫心不孤生。必託縁起。（『摩訶止観』〈巻一下〉大正46・8a）

心というものは、孤然としてひとりでに生ずるのではない（心には自性はないという意味）。必ず縁起に託して（他者と関わることによってのみ）生ずることができるのである。

この縁起の概念は、言うまでもなく仏教共通の真理である。その具体的で詳細な説明が次の文章である。『摩訶止観』からの引用である。

秖観根塵相対一念心起。能生所生無不即空。妄謂心起。起無自性無他性。無共性無無因性。……亦不常自有。但有名字名之為心。是字不住亦不不住。不可得。故生即無生。亦無無生。有無倶寂。（『摩訶止観』〈巻一下〉大正46・8a－b）

「観根塵相対一念心起」という智顗の考えは、心が縁起の在りようをしているという思想を予想させる記述である。「根」とは主体の感覚器官のこと、「塵」とはその観察の対境、対象である。「相対」というのはお互いの存在を予想している言葉で、ここでは縁起と同義だ。「心」は「根」だけでも「塵」だけでも生じない。根と塵が関わることによって生じるのだ。智顗は、根には自性はない、塵にも自性はない。お互いが関係することによって初めてお互いが存在すると論じている。ここは『摩訶止観』の中でも極めて重要な箇所で、智顗の中心思想が無自性と縁起であることを強く表しており、智顗の哲学は言わば「無自性と縁起の哲学」だと定義してもよいと私は考える。

六根（感覚器官、眼、耳、鼻、舌、身のことで、観察する側の心と考えてもよい）と六境（感覚器官、色、声、香、味、触、法のことで、観の認識する対象。これもまた観察の対象となる心である）が関わって一念の心が起こるのを観ずると、能生の根（認識する側の心）も所生境（認識される側の心）もそのまま空である。むやみに心が起こるときに、自性も他性もない。何かとともに起こることも、原因がなくて起こることはない（無自性）。…中略…また常に自ら存在してはいない。ただ心という名前だけがあり、この名字はあり続けるのでもなく、ないのでもない。得ることができないから生即無生であり、また無生でもない。有無ともに滅しているという。

主観（心）と客観（心）が関わって（縁起して）心が起こるが、この心には自性はなく、心という名前だけがある。この心は不可得であるから、生即無生（「生」とは自己否定の生ということ。生はそのものとしては無いから「無生」という。関係することによってのみ生ずる縁起という意味なので、生と無生は即「具」の関係にある）であり、その実態は無いから寂滅であるとしている。この即の概念については後述する。

縁起について、さらにまた、清代の仏教学者である達黙の文章を紹介する。『浄土生無生論会集』を著した人だ。

夫縁起者。現前一念妄心。乃一法界総縁起。（『浄土生無生論会集』卍続109・83a）

かの縁起とは、現前一念妄心のことである。だから、法界はすべて縁起の在りようをしている。

解説すれば、「現前一念の妄心」、いわゆる己心の在りようが縁起である。「一法界総縁起」というのは、法界のすべての存在は縁起であるというのだ。達黙はさらに言う。

原此一念本是法界。従縁而起。縁無自性。（『浄土生無生論会集』卍続109・83b）

本来、この現前一念は法界に基づく。縁によって起こる。縁には自性はない。

この言葉は、先の文意を裏付けている。「縁には自性がない」ということは、無自性であるから縁起だと言えるのだ。

伝灯の著書のタイトルについてであるが、伝灯は「性には善悪はない」と述べているため、彼の天台学の主著『性善悪論』の書名は『性悪論』となっていない。何故か。彼は、この著書の中で、天台学の主要な概念、性悪説の論述を意図するのではなく、それを否定して、彼自身の持論「性に善悪はない」という思想の論述を企図しているからである。

■註

1 【安藤俊雄氏の論文「幽渓傳燈の教學」】…『大谷学報』〈34巻3号〉(1954)に掲載。
2 【智顗の『観音玄義』】…『法華経』の「観世音菩薩普門品」の註を参照。
3 【四明知礼の『観音玄義記』】…『観音玄義』の註を参照。
4 【智顗の『法華玄義』】…『大正新脩大蔵経』〈33巻〉に収録。

5【湛然の『法華玄義釈籤』】…『大正新脩大蔵経』〈33巻〉に収録。具体的作法を述べながら智顗自身の哲学が著されている『法華経』の註釈書『法華玄義』の註釈書のこと。

6【智顗の『摩訶止観』】…『大正新脩大蔵経』〈46巻〉

7【湛然の『止観輔行伝弘決』】…『大正新脩大蔵経』〈46巻〉

8【孤然】…縁起でない在りよう。他者と関わらないで存在すること。

9【智顗の『法華玄義』『摩珂止観』『法華文句』】…『大正新脩大蔵経』〈34巻〉に収録。

10【湛然の『法華玄義釈籤』『止観輔行伝弘決』『法華文句記』】…『大正新脩大蔵経』〈34巻〉に収録。

11【慈雲遵式の『円頓観心十法界図』】…『卍続蔵経』〈101巻〉に収録。

12【慈雲遵式の『円頓観心十法界図』】…十法界すべての人物が描かれている唯一の図であり、『卍続蔵経』〈101巻〉に収録。

13【幽渓伝灯の『性善悪論』〈第一巻〉】…『卍続蔵経』〈101巻〉に収録。多くの紙面を割いて慈雲遵式の『円頓観心十法界図』を解説。

14【此之六句共二十四字語。本出四明尊者。観音玄義記中。玄義乃天台大師。釈法華経。】…四明知礼の『観音玄義記』〈巻一〉にある記述で、『大正新脩大蔵経』〈34巻〉899b－cに収録。

法界者。即十法界也円融者。総論百界。別語三千。即生仏依正。互具互遍。故曰円融。非違等者。以性奪修。千法皆性。何修不泯。破戒比丘。不入地獄。清浄行者。不入涅槃。豈唯地獄。涅槃即性。抑亦破戒浄行。非修。

15【虎渓懐則の『天台伝仏心印記』】…『卍続蔵経』〈101巻〉に収録。

16【迷情須破。故用即空即仮即中。達此一念修悪之心。即是三千妙境。】…虎渓懐則の『天台伝仏心印記』の注釈にある記述で、『卍続蔵経』〈101巻〉807bに収録。

夫一心具十法界。一法界又具十法界。百法界。一界具三十種世間。百法界即具三千種世間。此三千在一念心。若無心而已。介爾有心即具三千。亦不言一心在前。一切法在後。（『摩訶止観』〈巻五上〉大正46・54a）

三千という法数は、簡単な掛け算と足し算によって生まれている。智顗の計算によれば、一念の心が生ずれば、そこには十法界が具されている。そして一法界にはそれぞれ十法界を具すから、十法界には百法界が具されている。一界には十法界と三世間（器世間・衆生世間・五陰世間）。（『観音玄義記』〈巻一〉大正34・899b－c）

法界者。即十法界也。円融者。総論百界。別語三千。既生仏依正。互具互融。故曰円融。非違等者。抑以性奪修。千法皆性。何修不泯。破戒比丘。不入地獄。清浄行者。不入涅槃。豈唯地獄。涅槃即性。抑亦破戒浄行。非修。所以悟者。悟衆生本具性体性量性具也。所以迷者。迷諸仏所証性体性量性具也。衆生在迷。但言本具。諸仏已悟故。云所証。証具雖別。覚性元同。（『浄土生無生論註』卍続109・18a）

これらは智顗・知礼の考えである。伝灯の思想もこの延長線上にある。

17【即空仮中】…

天台では即空即仮即中という。この言葉は、諸法実相、一念三千、円融三諦とともに、悟りの境地、仏の境界を表している。この空と仮と中は、それぞれ異なった概念である。それなのに何故即というのか。この説明には、存在の在りようが無自性であること、縁起であることに基づいているということの理解が必要になる。この場合の即が具の意味で使用されていることは、後に具を検証するところで詳説する。

空とは、存在がそのものとして在ることのない在りようのことをいう。所謂無自性を前提とした在りようのことである。空は存在しないこと、すなわち無のことではない。存在してはいるが、そのものとしては在ることのない在りようで存在しているのである。このように存在しているから、仮という。仮とは、そのものとして在ることのない在りようで存在していることをいう。

即は具と同義を意味するから、「性善具悪」「性悪具善」「浄土生具無生」「浄土無生具生」を論じたかったのだ。事実、本論でこのことを論じている。性善には性悪を具し、性悪には性善を具す。生には無生を具し、無生には生を具すというのが彼の主張である。さらに性には善悪はないという性善悪説を、本論の中で検証している。彼のこの思想が智顗によって提唱され、知礼が確立した性悪説という数百年にわたって継承されてきた厚い地層に、変貌の一矢を投じることになるのだ。さらに、陽明学と禅の影響を受けた智旭に至り、天台学の性説は完全に変質して、「性善説」となる。まさに、思想的に百八十度の大転換である。智旭は、天台の最大のセールスポイントの「性悪説」の看板を引き下ろした。

18【具】…

故四明祖師云。又応了知。法界円融不思議体。作我一念之心。亦復挙体。作生作仏。作依作正。作根作境。一心一塵。至一極微。無非全体而作。既一一法全法界作故。趣挙一法。即是円融法界全分。既全法界。有何一法不具諸法。故知法界三徳。不大。一念三徳不小。刹海三徳不多。一塵三徳不少。（『性善悪論』〈巻二〉卍続101・885b）

だから、四明祖師が述べている。法界に円融している不思議の体は、わが一念の心の作なのである。

また、法界の円融不思議の体は、わが一念の心が作ることを了知すべきである。また、体は衆生を作り、仏を作り、依報を作り、正報を作り、正を作り、根を作り、境を作ることを挙げる。一心一塵は一極微に至り、すべて作らないものはない。既に、個々の法がすべての法界を作るからだ。趣いて一法を挙げれば、すなわち円融の法界のすべて、既に法界を全うすれば、いずれの一法として、もろもろの法を「具」さないものがあろうか。だから、法界の三徳は大きくないし、一念の三徳も小さくない。国と海の三徳は多くないし、一塵の三徳も少なくない。

第一章　幽渓伝灯の性善悪思想

第一節　伝灯の履歴

幽渓伝灯の人となりについて残された資料は少ない。伝灯の生涯は、清の達黙の『浄土生無生論会集』と『新続高僧伝』のわずかな記述に頼らねばならない。

伝灯は三教一致論者と見られているが、儒教や道教の学者との交流が資料の上では認められない。特に、当時流行した陽明学者との交流の事跡が見当たらないのは、真に残念である。同じ明末の天台学者、智旭が、その著『宗論』の中で、あからさまに王陽明を讃嘆し、彼とほぼ同時代に生きた三教一致論者の禅僧・紫柏真可に心酔したのとは異なり、伝灯が尊敬した学者は、同じ天台の、知礼、遵式、懐則などである点は、極めて特徴的である。

さて、達黙によると、**伝灯乃論主之諱也。謂伝真諦灯。俗諦灯。中諦灯。**（『浄土生無生論会集』卍続109・88b）とあり、伝灯の諱は、天台思想の重要な概念、真諦（空）、俗諦（仮）、中諦（中）の三諦の真実を明らかにする、という理念から付けられたことになる。さらに幽渓については、**天台山浙江之山地也。在台州之北。幽渓者地名。在山内。**（『浄土生無生論会集』卍続109・88b）とあり、天台山の北部の地名に由来する。

大師俗姓葉。浙江衢州人。少従進賢映庵禅師薙髪。随謁百松法師。開講法華。恍有神会。次問楞厳大定之旨。百松瞪目周視。灯即契入。百松以金雲袈裟授之。（『浄土生無生論会集』卍続109・88b－89a）

伝灯の俗姓は葉といい、浙江省の人である。この地は趙宋代から仏教、特に天台学の盛んなところで、総本山天台山国清寺はもちろん、これに教学論争を挑んだ山外派の人々も明州の周辺に住んでいた。伝灯は生来、地理的にも天台とは因縁は浅くない。

彼に転機が訪れたのは、賢映庵禅師のもとで出家することになったからである。俗世界を離れ肉親との交わりを絶って仏弟子となり、以後一本道を歩くことになる。伝灯は終末に、妙法蓮華経の題目を唱えながらこの世を旅立った。出家の時点で、この終末は予想できなかったが、首尾一貫した僧侶としての生涯を送った。よほど強固な信念の持ち主であったのだろう。

彼の天台学の最初の師は百松真覚である。真覚には著書が残っているので彼の思想はうかがうことができるが、履歴はほとんど不明である。真覚は弟子の才能を見抜く眼力に優れており、自身の『楞厳経』の講席に連なった若い弟子が『楞厳経』の神髄について問いを発するのを見て、その才覚のただならないことを覚知し金雲袈裟を授けたという。伝灯と天台学との出会いは極めて自然で、しかも生涯進むべき道を得たことは、伝灯にとって幸福であったと言えるだろう。

達黙の『浄土生無生論会集』に次のような記述がある。

一生修法華。大悲、光明、弥陀、楞厳等懺。無虚日。（『浄土生無生論会集』卍続109・89a）

伝灯は、止観の懺法を通して弥陀、光明、大悲を学び、浄土教との邂逅を果たした。

行者は止観を熱心に修行すればするほど、浄土思想に近づくようだ。知礼、遵式、智旭ら熱心な修行者が熱心な浄土願望の持ち主であったことが証明している。伝灯もまたその一人である。達黙は述べる。

先有士人葉祺。葬親寺後。夢神云。此聖道場地。将有肉身菩薩大作仏事。可速遷。祺不信。俄挙家病困。懼而徒焉。翌日灯至。即其地立天台祖庭。学侶輻輳。嘗於新昌大仏前。登座竪義。衆聞石室天楽鏗鏘。講畢乃寂。而著作此論。融会三観。闡揚浄土法門。毎歳修四三

味。身先率衆。精進勇猛。註楞厳維摩等経。凡染翰必被戒衲。前後応講七十余期。（『浄土生無生論会集』卍続109・89a）

士人葉祺という人が親を寺に葬った後、先祖が夢に現れて言うように、ここは聖人の道場の地である。肉身の菩薩がありて大いに仏事をなそうとしているから、速やかに場所を移すべきだ。葉祺はこの話をはじめは信じなかったが、家族中が突然病気になり困窮した彼は懼れ信じた。翌日伝灯がやってきて、直ちに、その地に天台の祖庭を立てて、多くの学者や僧侶を集め、新昌大仏の前で登座して講義した。講義が終わり静寂に返った。講義の内容は「三観融会」「浄土法門を闡揚」した。彼は毎年、率先して勇猛精進して四種三昧を修行し、楞厳・維摩経等の註釈をした。

この頃、伝灯は既に浄土法門に帰依していたのである。なお、「三観融会」とは止観で、主体にとっての場所において空観、仮観、中観の三観が融会して、すなわち即空即仮即中となることを説いているから、当然、主体の三観の対境すなわち客体である空諦、仮諦、中諦の三諦もまた融会するのである。何故なら、主体といい、客体といっても、それは止観を行う修行者である伝灯自身の心にほかならないからである。だから、三観といい、三諦といっても、伝灯自身の心の裏表に過ぎないのだ。伝灯は、ここで天台最高の概念を講義したのである。「浄土法門の闡揚」は、彼が天台の摩訶止観を実践する中で、四種三昧を行うのだが、この修行が、弥陀、光明、慈悲に繋がってゆき、彼の浄土思想の形成の基盤となったと考えられる。達黙によれば、伝灯は『楞厳』『維摩経』などの註釈をしているが、ここで伝灯の代表的な著作を挙げると『性善悪論』『天台伝仏心印記註』『法華玄義輯略』『浄土生無生論』『楞厳経玄義』『楞厳経円通疏』『維摩経無我疏』『永嘉集註』などがある。

だが、今回は私自身の都合で『性善悪論』『天台伝仏心印記註』と『法華玄義輯略』の三部に限定して、伝灯の思想の考察を行うことをお断りしておきたい。

第二節　伝灯の性善悪思想

この節では、幽渓伝灯の哲学について具体的に論じる。彼の思想の基礎である「縁起」と「無自性」、彼の思想の骨格を構成している「具」と「即」については、序論で触れた。ここでは無自性、縁起、具、即、以外の「性と修」「現起と冥伏」「権と実」「不変随縁と随縁不変」「真如と如来蔵」「心仏衆生の三心」などの概念を、基礎概念、骨格概念を中心軸として展開していく。とりわけ縁起と具は、接着剤のように「性と修」「現起と冥伏」「権と実」「不変随縁と随縁不変」「真如と如来蔵」を結合して活用させる黒子のような役割を果たしている。縁起と具がなければ、敵対矛盾の諸概念は相即することはない。このことを具体的に論じていく。彼の性善悪論の屋根、壁、設備などに相当する概念のすべてを論じたいが、私の能力と時間的問題から到底不可能と思われるため、幾つかの概念に絞って取り上げることにした。

性と修――

まず、「性と修」(註1)を取り上げる。その理由は、この性と修が、その他の諸概念「現起と冥伏」「権と実」「不変随縁と随縁不変」「真如と如来蔵」などの構成にとって不可欠であるからだ。まず、私も伝灯が何故このテーマを著書の冒頭に持ってきたかということを考えたい。そして、これらの語句の持つ天台学的意味を検証していきたいと思う。

ところで、伝灯の性についての考えは次のように表されている。

夫性者理也。性之為理。本非善悪。（『性善悪論』卍続101・839b）

この文章は、性悪説と矛盾するようにも思われるが、彼があえてここで「性は理であり、本来善悪はない」（台宗之言性也。則善悪具。天台で性を言うときは「性に善悪を具す」）という性の善悪は、道徳的なわれわれ凡夫が日常使用している意味ではないことが、伝灯によって後で明らかになる。ここでは仏が何故性悪でなくてはいけないのかについて述べている。さらに修について及び修と性の関係についても触れている。

蓋台宗之言性也。則善悪具。言修也。而後善悪分。乃以本具仏界為性善。本具九界為性悪。修成仏界為修善。修成九界為修悪。他宗既但知性具善。而不知性具悪。（『性善悪論』卍続101・839b）

思うに天台で性を言うときは、（性に）善悪を具す。修を言うときは善悪を分かつ。仏はその本性に悪を持っているから、衆生を救わんとして修悪の衆生法界に自在に出現し、救済することができる。仏法界性悪は仏の慈悲の顕現でもある。他宗は単に性に善を具することは知っているが、性に悪を具することまでは知らない。

天台には性と修の二元論があり、性は本体・本質にあたり、修は用・作用に相当する。伝灯は、本質には善悪はなく、作用のほうに善悪が表れると言う。法界の当体は本体であるから、そこには善悪はなく、修つまり、具体的な十の法界（仏法界……地獄法界）に善悪が顕現するのである。性といえども、自性はなく、それ故、性には善悪がない。仏は自在に性悪に達することができる。性悪を融通し、法として趣かざるところはない。九界の修悪の人のところに趣いて援けることができると言っている。

天台の性は仏の慈悲の働きを顕現しているのだ。後で伝灯は詳説するが、この性と修の在りようを天台では具や即と言う。彼が「性は理であるから、善悪はない」と言うとき、具が重要な概念であることを示唆している。性具、理具と言うとき、その性や理に善悪があることは、論理的に矛盾すると考えているからだ。

存在の本性や理は、本来、善悪を超越していると考えるが、天台学の場合、性と修・不変と随縁は、往々にして善悪と結び付き、具や即もやはり善悪と関わって論じられることが多い。しかも、これらの概念は錯綜して彼の著書に登場してくることもあって、一つひとつを分けて論じることは難しい。それ故、本書では、性と修に触れる際、不変と随縁を予想し、善悪と関わらせながら論ずることにする。さらに具や即も善悪と関係させることで自ずと、性具、三千即一念、十界互具と論が展開していくことにもなる。だが、順序付けたほうがよいので、まず重要な性と修から入りたい。第一章のテーマが「幽渓伝灯の性善悪思想」であり、そうすることが自然だからだ。

書名が表しているように、本書は性善と性悪について詳細に、系統的総合的に論じている。この中で、伝灯が特に力を注いだ項目が「天台性悪説に対する独自の見解」である。

さて、天台学では性(註2)も体も根本的なものである。だが、天台学の性は物の性質についての根本的なという意である。この性善、性悪は、しばしば仏教の十法界に該当して論じられる。十法界の一界である仏界やその他の九法界に該当して論じられる。天台では仏界や衆生界の本性が、善であるとか悪であるとかいうのである。次に、天台性悪説の本質に関わる問答を取り上げて、その概要を了解していただく。次の文章は、智顗の『観音玄義』にある。答えの部分が智顗の性思想である。

問。縁了既有性徳善。亦有性徳悪否。

答。具。

問。闡提與仏断何等善悪。

答。闡提断修善尽但性善在。仏断修悪尽但性悪在。

問。性徳善悪何不可断。

答。性之善悪但是善悪之法門。性不可改。

問。闡提不断性善還能令修善起。仏不断性悪還令修悪起耶。

答。闡提既不達性善。以不達故還為善所染。修善得起広治諸悪。仏雖不断性悪。而能達於悪。以達悪故於悪自在。故不為悪所染。修悪不得起。故仏永無復悪。以自在故広用諸悪法門化度衆生。（『観音玄義』大正34・882c）

問う。縁了（智慧とその他の善根）には、既に性徳（本来備わっている）の善があるのか、それとも性徳の悪があるのか。

答える。具している。

問う。闡提と仏とは、どのような善悪を断じるのか。

答える。闡提は修善（善い行為）は断じ尽くすが、ただし本性の善はある。仏は修悪は断じ尽くすが、性悪はある。

問う。本性の善悪は、どうして断じることができないのか。

答える。性の善悪は善悪の法門だから、性は改めることはできない。

問う。闡提は性善を断じないで、かえって修善を起こさせることができ、仏は性悪を断じないで、かえって修悪を起こさせることができるのか。

答える。闡提は、既に性善に達していないから、かえって善のために汚染され、修善は広く起こして諸悪を治めることができる。仏は性悪を断じないけれども、悪に達することができる。悪に達するから悪に自在である。だから悪に汚染されることはなく、修悪は起こすことはできない。だから、仏は永遠に悪に復えることはない。自在であるから広く諸悪法門を用いて衆生を教化済度するのだ。


智顗のこの『観音玄義』の文章が、知礼に『観音玄義記』で性悪説を論述させ、伝灯に『性善悪論』を書かせた。知礼が主張するところの天台性悪説では、仏の本性が悪であり、衆生の本性が善である。他方で仏の修（働き）は善で、衆生の修は悪だ。天台の見解では、他宗が「仏は善だ」と言っているときは、仏の性（本質）について言っているのではなく、仏の修（働き）について言っているのであり、「衆生が悪である」と言うときも、その本質ではなく、修、つまり、衆生の行為について論じているのだ。彼は「天台の見解は本質を論じているが、他宗は表面的な理論に終始している」と言っている。

天台の性悪説（註3）は、智顗の『法華経』の『法華玄義』で論じられている十界互具思想と『観音玄義』にある仏と闡提の性と修の論述に基づく。十界互具というのは、十界のそれぞれの一界に、それ以外の九界を互具しているという意味だ。例えば、善の仏界には、悪の菩薩界、縁覚界、声聞界、天界、人界、修羅界、餓鬼界、畜生界、地獄界を具し、……同様に悪の人界にはその他の善の仏界を含む九界を具する。……、この在りようを互具と呼ぶのだ。『観音玄義』の性悪説は略す。先の問答を参照してほしい。

さて、性と修は、天台では、それ自体で論じられるよりも、現起と冥伏、権と実、不変随縁と随縁不変、本と迹、真如と如来蔵とともに述べられることが多く、しかもそのほうが理解しやすいから、ここでもそれに従いたい。

性悪と性善悪説の影響――

「性悪は外典の諱む所なり。而して台宗真性の所具を掲げて……是れ家診と為す。苟しくも其の教を習は非れば、老宿沙門と雖も、聞きて、耳を掩うて走る」

性悪説は、仏教以外の学派が忌み嫌う。だが、天台はこれを重要概念とする。もし、これを学習しなければ、老練な学者といえども性悪説に耳を覆うて避ける。

性悪思想は、これあるが故に天台学が成立するほど重要な概念でお家芸だが、天台以外の仏教宗派の僧侶たちや仏教以外の儒教・道教等思想家からは、この性悪説は忌み嫌われている。性悪とは天台性悪説をいう。この概念については後で詳しく論ずる。簡略に言えば、知礼の『観音玄義記』によってほぼ完成を見た天台独自の教説である。この説の概要は仏の性悪で、修は善だ。闡提の性は善で、修は悪だ。仏は性悪の故、悪には自在だから、地獄にまで出かけて衆生済度ができる。だが、伝灯の性説は、知礼のものとは少し異なる。性悪説ではなく、性善悪説なのだ。

法界を十に分けて、上は善の仏法界、悪の菩薩法界から……悪の人法界……悪の地獄法界に至る。天台性悪説では、各法界の本質を性、実際の行動を修と定義付ける。性は本体であり、修は用である。性には、それぞれの一法界に他の九法界を具している。

例えば仏法界では、仏法界のみが現起して、他の九法界は冥伏している。これは、人法界でも同様で、人法界が現起し、他の九法界は冥伏している。地獄法界もまた、地獄法界が現起し、仏法界等の九法界は冥伏している。性では、各法界ではそれぞれこのように互具していると天台では説く。仏法界について見れば、性では冥伏しているとはいえ、地獄法界を具しているから、仏法界は現起している善の仏法界と冥伏している悪法界を同時に具していることがわかる。仏法界の性には、善悪を同時に具しているのだ。

伝灯はこのように、一法界に現起と冥伏の異なりはあっても、善悪を同時に具していると主張しているのだ。知礼の性悪説は彼の思想を論じるところで、智顗の性説はその思想を取り扱うところで、伝灯の性善悪説は慈雲遵式の項で触れる。伝灯は次のように述べる。

且欲援九界修悪之人。不須顛倒。以達性悪。性悪融通。無法不趣。任運摂得仏界性善。以為直指人心見性成仏妙門。正圄（その）物為善。（『性善悪論』卍続１０１・８４０a）

しばらく、九界修悪の人を援けんと欲すれば、顛倒してはいけない。性悪に達し、性悪を融通し、法として趣かざるはない。任運に仏界の性善を摂得し、以て直指人心、見性成仏の妙門と為す。

要約すれば、仏の慈悲と仏の性の在りようを指摘しているのである。伝灯は、仏が性悪説である故に仏の衆生済度の慈悲を見ている。彼は、仏とは性悪故に仏界の性善を身に着けて、法界全体を任運に作用し、あらゆる機に対して対応し、済度、直指人心見性成仏（註4）の妙門を完成するのであると主張する。知礼の性悪説とは、先の句にある「任運摂得仏界性善」（自在に仏界の性善を摂得して）あらゆる機を済度するという点が異なる。衆生済度の為には、仏は性悪のみでなく、性善をも必要とするのだ。これは、伝灯が指摘する「天台で性を言うときには善悪を具す」ということではないだろうか。さすれば、この句は伝灯の『性善悪論』の結論である。

さて、かの知礼の『観音玄義記会本』で、次のように智顗の言葉を紹介している。

唯有円教。修性不二。雖云皆具。須辯此殊。（『観音玄義記会本』〈巻二〉卍続55・66ｂ）

ただ、天台円教のみが修性不二を説く。皆さん具を言うが、その違いを区別しなければならない。

以三千法究竟即空。名今智徳。三千之法究竟即仮。為今断徳。三千之法究竟即中。是法身徳。道前道後悉是一心。（『観音玄義記会本』〈巻二〉卍続55・68b）

三千の法（真如）、とどのつまり空であり、仮であり中である。三千と一心が具の関係、縁起の在りようだと述べているのだ。さらに具体的に説明する。三千法は「悉是一心」であり、だから、いつもすべて一心だ。三千は一心を具し、一心は三千を具す。互具ということになる。智顗も知礼も「一心が三千を具す」と言わず、逆に「三千が一心を具す」とも言わず、互具と言う。二人は、一心も三千も決して客体化して説明を容易にするのではなく、主体にとっての場所で、一心も三千も観ているのである。

このことは、止観の現場での体験談なのだ。そこから智顗は『普賢観経』(註5)を引用する。

『普賢観』云。大乗因者。諸法実相。大乗果者亦諸法実相。（『観音玄義記会本』〈巻二〉卍続55・70a）

『普賢観経』によれば、大乗では「因も果も諸法実相である」と言う。ものは在る限りにおいて実相であり、三千なのだ。

故に一心もまた三千だと言える。知礼は『観音玄義記会本』において次のように言っている。

前雖因果互是。互非。而皆称仏性。験知縁了。通因通果。又言仏性非因非果。良以正因。不即我陰。故曰是因。……故知。妙三貫通因果。方得名脩性不二。（『観音玄義記会本』〈巻二〉卍続55・70ａ）

先に、因果は互いに是、互いに非であり、皆、仏性だと言うが、縁了を験知すれば因果に通じる。別の視点から言う。性は「而皆称仏性」であり、皆仏性を持っており、この性と修は、知礼にとっては「方得名脩性不二」と全く別のものではないのだ。

彼のこれらの要旨は、先の智顗の諸法実相と同義で、ものは在る限りにおいて、性（体・本質・本性）も修（用・作用・行為）も実相であり、皆仏性であるということだ。性が実相であることは、智顗の説く六即（註6）の理即にある。凡夫と仏が即、縁起の在りようなので、十法で言えば他の九法界にそれぞれ他の法界を具しているが、他の九法界の修が実相であるとは、各々の一界においては、その一界が現起しているとき他の九法界は冥伏している状態だ。どの法界を取っても他の法界を具しているのである。いずれの法界にも仏法界が存在するので、実相と言えるのだ。

伝灯は『観音玄義』と『観音玄義記』を『性善悪論』の主要なところで引用している。彼自身も先輩の二人同様、具を主体のところで見る立ち位置にあると考えてよい。

智顗の『観音玄義』にある「雖云皆具」（皆、具であると言うけれども）とは、止観の場でこそ可能な表現で、書斎で仏書を眺めていて生まれてくるような言葉ではない。

さてここで、伝灯が見た天台性悪説と中国伝統思想の性説を論ずる。私は、孟子の性善説が伝灯の性善悪説に一定の影響を与えていると考える。『性善悪論』に書かれている孟子[註7]の性善、荀子の性悪、楊子の性悪混説と、天台の性悪説の違いについて触れる。

まず『性善悪論』からの引用だ。問答形式にして話を進めていく。

客又問曰。夫性善之言。本出於孟子。性悪之言。本出於荀子。善悪混之言。本出於楊子。今台宗之言性具。而曰其於性也。則善悪具。其言修也則善悪分。豈非兼三家而有之。以為超

勝之説乎。（『性善悪論』卍続101・840a）

客また問うて曰く、夫の性善の言は本と孟子に出でて、性悪の言は本と荀子に出で、善悪混の言は本と楊子に出る。天台は性具を説く。性は善悪を具し、修は善悪を分かつ。どうして孟子、荀子、楊子には性具説がないのか。それ故、性具を言う、天台のほうが優れているのではないか。これは伝灯の考えである。直ちに天台宗の性具説では、性に善悪を具す。そして修について言えば、善悪を分かつのである。だから天台のほうが優れており、三家の説（三家の説は、修のみを説き、性具に触れない）を兼ねている（三家は修のみ、天台は修と性を説くので、このように言う）のであるから、どうしても天台のほうが超勝の説をなすと言わないわけにはいかない。

伝灯の見解を解釈すれば、孟子は人の性の善を言い、荀子は人の性の悪なるを言い、楊子は人の性に善悪ともに備わることを指摘するが、天台では性具を言うと。性具を言うが故に、天台の性説が優れていると言いたいのである。この具とは互具のことで、楊子の性に善悪が混じっているという説は、単に修について論じているのだから、天台とは概念が異なる。

伝灯は、とりあえず天台の性の意味に触れて自説を披露する。

余対曰。三子之説。各言性之一偏。固為聖門之不取。然皆即才情以言。性非即性以言性也。況是即人道才情之間。以言之。非吾教本具十法界。之為性善性悪也。（『性善悪論』卍続101・840a）

余対へて曰く、三子の説、各各性の一偏を言う。固より聖門（天台）の取らざるところである。天台の性具説と比較すれば、孟子も、荀子も、楊子すら、真理の一面を指摘しているに過ぎない。だから、仏教、特に天台はそのような考えを認めない。

「然るに皆すなわち才情を以て言う」とは難しい表現だが、三子の説は天台で言う修についてのみ触れており、「性即にあらず。性以て性と言うなり」としている。三子の性は単に性のみを言い、性即つまり性具、性に修を具し、修に性を具していることを言わないと批判しているのである。「況や是れ人道才情の間に即するを以てこれを言う」とは、人間法界の修についてのみ説いており、「吾教の本具十法界の性善性悪となすにあらざるなり」とし、「孟子も、荀子も、楊子もそれぞれ性の一面を論じているが、同意できない理由は、即を言わないからだ」としている。

だが、修のみ論じて性具を言わないのは、この三家だけではない。仏教の他宗も同様であるから、性に善と悪があると説く伝灯は、修の性善を説く孟子の説に一定の評価を与える。孟子の説の内容は修善であっても、言葉は性善説だから、性に善があると説いている姿勢は評価に値するのだ。そのうえ「天台教学が性に十法界を本来具しており、その性には善悪が具されている」と言うのが、伝灯の考えである。

伝灯の性についての考えは、知礼などの性悪説とは異なる性善悪説だ。従来、天台学の正統とされた性悪説と異なる自身の性善悪説を世に知らしめるために、この『性善悪論』を上梓し、第一巻で早々と孟子の性善説を取り上げたのには、性悪説に対抗する意図があったと思われる。

現起と冥伏――

次に、智顗の思想に啓発されて、伝灯の創造と思われる十法界の現起と冥伏という概念を取り上げる。これは、十界互具の在りようというか、具の在りようの説明に使われている。

この二つの概念は、性善悪論の形成に重要な役割を果たした。十法界の各界に善悪が同時の在りようをしていることが、伝灯の『真如随縁十界差別之図』十一枚と現起と冥伏によって説明が可能となった。すなわち現起と冥伏によって、性に善悪が同時に存在していることが検証されたのである。具体的な説明は、慈雲遵式の『円頓観心十法界図』を解説した伝灯の『真如随縁十界差別之図』の中で詳細に論じられており、後に節を設けて論じるので、ここでは簡略に述べるに止める。

十界互具を説明するにあたって伝灯は、十の法界のうち仏法界についてのところでは仏法界のみが現起しており、その他の九法界は冥伏していると言う。同様に、菩薩法界では菩薩法界のみが現起しており、その他の九法界が冥伏しており、……人間法界では人間法界のみ現起しており、その他の九法界は冥伏しており、……地獄法界では地獄法界のみが現起しており、その他の九法界は冥伏していると言うのだ。

彼はこのように、十界互具の在りようの説明を現起と冥伏という概念を使用することによって実現した。伝灯にとって具は、現起と冥伏によって説明される。この説明では、現起と冥伏は縁起で表されていると言い換えてよい。この際、現起も無自性であり、冥伏もまた無自性であることは、その大前提なのだ。

故荊渓大師云。三千未顕同名無明。三千既顕。同称常楽。

湛然は言う。三千が未顕を無明といい、三千が既に顕れているのを常楽（真如）という。

この未顕と顕の在りようは、伝灯の冥伏と現起の在りようと似ている。おそらく伝灯は湛然の発想の影響を受けているだろう。これを別の側面から観察すれば、それぞれの界はいずれも空でありながら仮であり、同時に中すなわち法界であるから、仮の側面から言えば、十界それぞれが他の九界と即であり、天台ではそのことは具を意味する。

伝灯は、この即と具は現起と冥伏で表現できると言っている。だから、それぞれの一界を切り取れば一の法界が顕れて、その他の九法界は冥伏している（伝灯の表現であり、後で詳細に説明する）のだ。これを一法界具九法界というが、具の概念も現起も冥伏も後説する。

この具は一方的な状況を意味するのではなく、互具、互いに平等な関係であるから、この関係を重視するなら縁起と言い換えることができる。一方が存在しなければ他方も存在できない。一方が存在するということは、他方も存在しているということになるのだ。

ただ、仏界が現起（顕れて）して他の九法界は冥伏している（存在はしているが隠れている）場合には、彼の説によると仏界には当然、現起している仏界とともに、冥伏しているところの他の九法界も存在している。ここで伝灯は、遵式の一枚の図を十一枚に拡大して、『真如随縁十界差別之図』を論述した。

伝灯はこれらの図を示すことによって、まず十法界の各法界が現起と冥伏の在りようをしていることと、その性に善をともに具していること、善悪をともに存在していることを読者に平易に説明したのだ。読者は、伝灯が掲示した一枚一枚の図をよく見れば、彼の性善悪説がどのようにして構成されたかということを理解できる。

客曰。因心本具。毫無虧欠。既領旨矣。果地円証。一無所改。其義云何。余対曰。前門約衆生心法。在因本具。明毫無虧欠。雖與真如之体。対論無虧。正欲與如来果位。対論無差。今此門中。亦雖與真如不変。対論不改。正欲與心生対論無差。蓋衆生心法。根塵念起。既具百界千如三千性相。即真俗中。是故円修行人之所修者。照此不思議境也。至於果位円証者。証此不思議境也。（『性善悪論』卍続101・886a）

問う。因心は本来具足して、少しも欠けることはないという主旨は既に了解しました。仏果地の円満な証は一つとして改めるところがないというのはどういうことですか。

答えて言う。先の衆生法については、因位にあっても本来、具していて少しも欠けることがないのは明白である。真如の体とともであるといえども、欠けることはないと論じる。まさに如来の果位とともにあらんと欲すれば、差はないと論じる。今この門の中では、さらにまた真如不変とともにあるといえども改まらないと論じる。心生とともにあろうと欲すれば、無差であると論じる。思うに、衆生・心法は根と塵の念が起こして、既に百界千如三千の性相を具す。真俗中に即す。この故に円修行人の修するところは、この不思議境を照らす。果位で円証に至る者は、この不思議境を照らす。

伝灯は因心本具を論じる。衆生法が真如を本来、具しており、一念が起こると三千を具すから、因位も果位も不思議境を照らすのだ。

故荊渓大師云。三千未顕同名無明。三千既顕。同称常楽。四明尊者云。又復応知。六即之義。不専在仏。一切仮実。三乗人天。下至蛣蜣地獄色心。皆須六即辨其初後。所謂理蛣蜣。名字乃至究竟蛣蜣。以論十界。皆理性故。無非法界。一不可改。故名字去不惟顕仏。九亦同彰。至於果成。十皆究竟。正以十界真如不変之体。而能随縁。故使随縁造成十界。其体不変。今論仏果。則随浄縁造成仏法界。而真如性中所具十種法界。與夫三諦悉皆不変。（『性善悪論』

卍続101・886b）

湛然は三千の顕・未顕について、三千が未顕ならば無明と言い、三千が顕ならば常楽の仏果である。この三千の顕と未顕は、伝灯の仏界の現起と冥伏の概念のヒントになったのではないか。両者はともに顕れているか隠れているかの相違はあるが、存在していることに変わりはないからである。知礼は、六即に論じる。故に荊渓大師は述べている。三千（真如）がまだ表面に顕れないときは無明と言う。三千が既に顕れると常楽と言う。四明尊者は述べている。また知らなければいけない。六即とは（天台円教における菩薩の位を意味する）、その六の位のいずれであっても仏と即の関係にあるということだ。一切の仮と実とは、菩薩、縁覚、声聞の三乗と人天と、下は蛣蜣地獄の存在まで、皆、六即によってその前後を弁別しつつ相即するのだ。つまり、具の関係を意味する。所謂、理即は蛣蜣、名字即から究竟即も蛣蜣である。十界を論ずれば、皆、理性だから、法界でないものはない。一として改めるべきものはない。だから、名字が去ってただ仏界を顕すだけでなく、九界も同時に彰れるのだ。果が成就すれば、十界は皆、究竟即（仏界）である。正しく十界真如不変の体で、随縁をもできる。だから、随縁によって十界が造成され、その体は不変の真如である。今、仏果を論ずれば、浄縁に随って仏法界をつくる。しかも、真如の性の中に十種の法界を具している。それと、三諦とはすべて皆、不変である。

ここで六即を取り上げているのは、理即では地獄の衆生と究竟即の仏果が即、すなわち具、縁起であることを述べていることを理解させたいのだ。悪と善とが縁起だと言いたいのである。そして、この悪と善が地獄の衆生の一念に具されている。この一念に、縁起の在りようで同時に存在しているのだ。だから、性善悪説の理論的根拠として、伝灯は六即を取り上げたのだ。

但仏界現起。九界冥伏。謂之為仏。其実所具九界冥伏者。毫無所改。今為広引経文。明証非虚。凡為五意。一証成果地円証十界之性。二証成果地円証三諦之体。三証成果地円起一多之用。四証成果地円起十界之用。五証成果地妙用之事。（『性善悪論』卍続101・886b）

但、仏界が現起して九界が冥伏するのを仏という。その実、衆生が具している九界の冥伏は、毛ほども改めるところはない。今、広く経文を引用する。明らかに虚でないことを証すれば、おおよそ五意とする。一に果地円満の証することを成就する十界の性を証する。二に果地円満に証することを成就する三諦の体を証する。三に果地円満に生起することを成就する多少の働きを証する。四に果地円満に生起することを成就する十界の働きを証する。五に果地の妙なる働きを成就することを証する。

伝灯の性思想は、主として『性善悪論』『天台伝仏心印記註』『法華玄義輯略』の中で論じられている。それ故、これらの書物の中には、縁起、無自性、具と即、性と修、不変と随縁のすべてについて記述されており、天台性説の構造と思想が理解できる。安藤俊雄氏が伝灯の著作の中で「最も注目すべきは性善悪論の六巻である」と称賛を惜しまないのは、それ故だろう。伝灯には、この他に『浄土生無生論』があり、後世の学者に与えた影響はこちらのほうが大きい。『性善悪論』は、その注釈書をほとんど目にしないし、『宗論』での智旭によるこの本の評価は、それほど高いとは言えず、学者の間では評価の分かれる書である。だが、この著作は六巻の長編に仕上げられているから、伝灯自身は相当の決意を以て精力的に書いたことは疑いない。一読すれば、そのことは胸に伝わってくる。

さて、天台性悪説の起源は、智顗の主体的立場から著された『法華経』にある「観音菩薩普門品」の概論に相当する『観音玄義』に源を発するが、その思想は注釈書で同じく主体的立場を重視した知礼の『観音玄義記』で本格的に論じられ、受け継がれてきた。そして、数百年の歳月を経た明末期になって、伝灯のこの著作を生み出すことになったのだ。

『性善悪論』の具体的な内容については既に、重要な概念である具と即、縁起、現起と冥伏について詳細に論じた。ここからは無自性、権、実、性と修、善、悪、不変と随縁、仏性、真如、如来蔵に焦点を当てて検証していきたい。これらいくつかの概念もまた、伝灯の性善悪思想の主幹と根底をなしているからである。このうち性と修、不変と随縁はそれぞれ体と用の関係にある。前出の諸概念とともに、天台にとって重要な概念である。

善と悪が天台性悪説においていかなる意味を持つか、その関係を解き明かすこともまた極めて重要である。この他にもう一つ、生と無生という大切な概念があるが、これは伝灯の浄土思想の項で論じたい。

権と実——

次に、伝灯の権実観について紹介する。

権と実との関係は、無論、関係と言う以上、縁起の在りようをしている。性の権実、法界の権実は、性の善悪と同様の在りようをしているのだ。伝灯が『性善悪論』の中で、権実について多くの紙面を費やしているのは、性善悪説の説明、理解にとって重要だと考えたからである。彼はここで、権実をさまざまな華と果の関係、さらに蓮華の在りようを喩として論じている。

さて、権実と法界の関係、それらの縁起の在りようについて触れる。この十法界の差別を権実の概念で言えば、仏界は実であり他の九界は権であるが、天台思想の十界互具、即空即仮即中の観点に立てば、権も実もそれぞれの法界では互具であり、それ故に即空即仮即中となり、差別が在りながら同時にそのままそれぞれ無自性である。且つ、縁起の在りようだから即であり、互具と言うことができる。

次に、権と実について具体的に示している伝灯の文章を示す。彼は、この権実の関係について蓮華を例示して論述している。

釈妙法竟。次釈蓮華者。夫世間之華有乎多種。或狂華無果。或有果無華。或一華多果。或多華一果。或一華一果。或前果後華。或前華後果。狂華無果。如牡丹華等。喩外道空修梵行。無所克獲。有果無華。如広州有木名度。不華而実。喩外道計自然之果。此果無実。一華多果。如胡麻等。喩凡夫供養父母。報在梵天。多華一果。如桃李等。喩声聞種々苦行止得涅槃。一

華一果。如柿等。喩縁覚一遠離行亦得涅槃。前果後華。如爪稲等。喩須陀洹却後修道。前華後果。可知。喩菩薩先藉縁修。生後真修。此等皆是麁華。不以為喩。（『法華玄義輯略』卍続44・760a）

蓮華という華の持つ喩を紹介すれば、世間には華（権を喩えている）というものの種類は多い。これについて述べれば、狂華で果（実を喩えている）のないものがあり、果（実）があるのに、華（権）が咲かないものもあり、一つの華にたくさん実の生るものもあり、華がたくさん咲くのに実が一つしか生らないものもあり、一つの華に一つの実が付くものもあり、実が先に生って華が後から咲くものもあり、先に華が咲いて後から実が生るものもあり、花が咲くのに実の生らないものもある。それは牡丹のようなものである。外道（仏教以外の修行者）は自然の果を得ようと執着するが、結果が得られないというのがその例である。一つの華に多くの実を付けるのは胡麻のようなもので、例えば凡夫が父母を供養し報いは梵天に生まれることをいう。華が多く咲くのに実が一つしか生らないのは、桃李のようなものである。これは、声聞が種々の苦行をして涅槃を得るに止まるに喩える。一つの華に一つの実が付くのは柿のようなもので、例えば縁覚が一人で他の修行者から遠く離れて、さらにまた涅槃を得るのに喩える。先に実が生り後から華が咲くのは、爪稲などのようなもので、例えば須陀洹がかえって後から修道するのに喩える。先に華が咲き後から実が生るのは、菩薩が先縁をかりて修するのに喩える。後から生まれて真実を修するのだ。これらは皆、麁なる華（正しい喩の在りようではなく）である。ここでは喩としては使用しない。一般論を示したものだ。

次に彼の本論、最も論じたい点を紹介する。まず伝灯の原文を示す。私見であるから、誤訳している点があったらお許し願いたい。だが、できるだけ伝灯の真意が伝わるように努力したつもりだ。

唯此蓮華。華果俱多可譬因含萬行。果円萬徳故。以為譬。又余華麁喩九法界十如是因果。蓮華妙喩仏法界十如是因果。又以此華喩仏法界。迹本両門各有三喩。喩迹者。一華生必有於蓮。為蓮而華蓮不可見。此譬約実明権。意在於実。無能知者。経云。我意難可測。無能発問者。又云。随宜説法意趣難解。二華開故。蓮現而須華養蓮譬権中有実。而不能知。今開権顕実。意須於権。広識洹河沙仏法者。祇為成実。使深識仏知見耳。三華落蓮成。即喩廃三顕一。唯一仏乗直至道場。菩薩有行見不了了。但如華開。諸仏以不行故。見則了了譬如華落蓮成。

（『法華玄義輯略』卍続44・760a－b）

ただこの蓮華のみは華果ともに多く、因に萬行を含むことを喩える。果（実）に円満の徳があるからだ。また他の華は九法界の十如是因果を喩える。蓮華が妙であるという喩は仏法界の十如是の因果のことである。また、この喩によって仏法界を喩える。迹本両門には、それぞれ各々三喩がある。三喩というのは、一の華が生ずれば必ず蓮がある。蓮のために華蓮を見てはならない。この喩は、実によって権を明かす。意は実にある。このことをよく知っている者はいない。『法華経』に述べている。我が（仏）の心は推し測ることはできない。よい質問をする者はいない。また『法華経』で言うよろしき説法の意趣に随っても理解することは難しい。二つの華が開くからである。蓮が現われて華によって蓮を育てることは、権の中に実があることを譬える。だが、仏以外の者は知ることができない。

今、権を開いて実を顕せば、意は権にあることになる。広く洹河沙の仏法を知る者は、ただ実を成就する。これは、ことさら深く仏の知見を識らしめんがためである。

三に華が落ちて蓮が成る。喩に従えば、三（乗）を廃して一（仏乗）を顕す。一仏乗だけが直ちに悟りに至る。菩薩が行をしても、明らかに理解することは叶わない。ただ華が開くように、諸仏のようには行じないからである。明らかに了解することは、譬えば華が落ちて蓮が成るようなものである。

譬如蓮子根依淤泥而華処虚空。風日照動昼夜増長栄耀頓足。一切衆生亦復如是。従無明際。発菩提心。修菩薩行。出離生死。入法性中。因行成就。値於仏日。被神通風。其心念々入薩婆若海。此名仏界如是因。（『法華玄義輯略』卍続44・761b）

譬えば、蓮子の根は汚泥の中だが、華は虚空にある。風が吹き、日が照り、ややもすると昼夜に成長して、速やかに繁茂するようなものだ。あらゆる衆生もまた、このようなものである。無明の際から菩提心を発し、菩薩行を修して、迷いの境涯を出て仏の世界に入り、因の行を成就して仏に値うとき、神通の風によって、衆生の心は刻々に薩婆若海に入る。このことを仏界の如是因という。

若非蓮華何由徧喩諸法。若非妙法。何由取喩蓮華。法譬双辨。故称妙法蓮華経者。訓法訓常法。則十界同尊常。則三世不易。復由聖人心口所宣。故言経也。釈通別両名竟。（『法華玄義輯略』卍続44・764a）

もし蓮華を使わなければ、何によって諸法をすべて喩えようか。もし妙法でなければ、何によって蓮華の喩を取り上げよう。法喩を二つに分かつ。だから、妙法蓮華経と称するは、法に従い常法に従えば十界は同じく尊常で、三世は変わらない。

問。何意以絶釈妙。答。祇喚妙為絶。絶是妙之異名。如世人称絶能耳。（『法華玄義輯略』卍続44・756a）

絶は妙の異名で、同義だと。天台では、妙というのは、言辞、待対を超越しているという意だ。妙法というこの経の経題もまた、このような意味を持つと伝灯は考えている。

不変と随縁――

如是観時。名観心性。随縁不変故為性。不変随縁故為心。（『止観大意』大正46・460b）

不変随縁、随縁不変の語は、湛然の『止観大意』に登場する。智顗の著作には、この句は見えない。湛然が、当時流行した『大乗起信論』から借用したと天台学者は考えている。湛然の用例を挙げる。長い引用になる。彼以後、知礼、伝灯、智旭などにより多く用いられている。その出自は湛然である。彼は『摩訶止観』に説かれている「観不思議境」を解説して言う。

謂観不思議境。境為所観。観為能観。所観者何。謂陰界入不出色心。色従心造全体是心。故経云。三界無別法。唯是一心作。此之能造具足諸法。若漏無漏非漏非無漏等。若因若果非因非果等。故経云。

心如工畫師。畫種種五陰。一切世界中。無法而不造。如心仏亦爾。如仏衆生然。心仏及衆生。是三無差別。心仏及衆生。是三無差別。衆生理具諸仏已成。成之與理莫不性等。謂一一心中一切心。一一塵中一切塵。一一心中一切塵。一一塵中一切心。一一塵中一切刹。一切刹塵亦復然。諸法諸塵諸刹身。其体宛然無自性。無性本来随物変。所以相入事恒分。故我身心刹塵遍。諸仏衆生亦復然。一一身土体恒同。何妨心仏衆生異。異故分於染浄縁。縁体本空。空不空。三諦三観三非三。三一一三無所寄。諦観名別復同。是故能所二非二。如是観時名観心性。随縁不変故為性。不変随縁故為心。（『大方広仏華厳経』大正9・465c）

湛然は言う。不思議境を観ずる。境はすなわち観察される対象のことであり、観は観察する主体である。観察される対象は何かと言えば、陰界入つまり色（存在）と心（妄心）のことをいう。色（存在）は心から造られるから、色心の全体は心である。湛然のこの言葉は、存在が心生と言っているように受け取れるが、必ずしもそうではない。われわれが止観を行ずるとき、我が心を観察する。何によって観察するのかと言えば、我が心によって観察するのである。つまり、所観も能観も我が心である。だから「故経云。三界無別法。唯是一心作」と言う。また「故経云。心仏及衆生。是三無差別」、つまり我が心、仏及び衆生も我が心で、我が心を観察する働きによって存在するから、「是三無差別」と言っている。

心による造ではなく、心によって心を観察する際に存在するから、このような表現をしている。それ故に、諸法すなわち心も塵刹も「其体宛然無自性」であるから、この論理が成立するのである。心、仏、衆生が無自性（そのものとして存在することのない在りよう）だから成り立つ論理であり、もしも孤然としてそれぞれが存在しているならば、この論理は成立しない。「縁体本空。空不空」とは、心、仏、衆生は縁起（孤然としてではなく、関係することによってのみ在っている）縁生だから、その体は本来空であり、その空も縁生だから、空という本質があるのではないから、その意味では空とは言えず不空である。それ故に主体の空観、仮観、中観の三観も縁生であるから実体はなく、三と言っても三ではない。客体の空諦、仮諦、中諦の三諦も縁生であるから同じ。「諦観名別復同」というのは、我が心が能観であり、我が心が所観の諦であるから「復同」と言っているのだ。このように観察するとき、縁に触れても不変であるから「性」と言い、不変の性が縁に触れて変化するから、「心」と言う。

今後、伝灯や智旭の文章に、たびたび「不変随縁」「随縁不変」が登場するが、いずれも「不変」は「性」を「随縁」は「心」を表す。天台で最も主要な概念の一つである「不変」と「随縁」について触れる。知礼の『観音玄義記』において、湛然の『止観大意』の記述を引用して、次のように述べている。

如是観時。名観心性。随縁不変故為性。不変随縁故為心。（『止観大意』大正46・460b）

このように観察するとき、心性という。ここでは、湛然は縁起について論じているから、この心性は単に心を指す。縁に触れて変わっていく存在も、その本質は不変だから、性となす。不変の本質が、随縁に従って凡夫救済のために対応し変化していく故に、心となすという意である。

この説明では、随縁は変化していくものだから、修ということであろう。

これについて正寂は説く。

不変随縁者。即理之事也。随縁不変者。即事之理也。（『浄土生無生論註』卍続109・13a）

不変随縁というのは理のことである。随縁不変というのは事の理である。

要約すれば、不変随縁というのは、不変は理であり、随縁というのは事である。理が事の状況に応じて変化し、さまざまな衆生の根機に対応して救済する仏の慈悲の在りようであり、随縁不変というのは、あらゆる事には理が存在する。つまり、一切衆生にことごとく如来蔵があり、衆生はすべて、その如来蔵の中に居るということであろう。真如は、それ自体、孤然として存在していては、衆生を救えない。衆生の縁につれて、形を変えて衆生に相応して救済する。不変の真如が、衆生の求めに応じて随縁するのである。つまり、真如と衆生は縁起の関係にあるのだ。真如はいかように随縁しようと、その本質は変わらない。

さらに、この不変随縁について、『性善悪論』では次のように述べている。この、問答形式の論述の答えの部分が伝灯の説明である。

客曰。十界随縁差別之事已聞教矣。云何名為不変随縁無差而差門。余曰。上文所明十界随

縁差別門。能随縁染浄縁。遂分十法界。此中宜確論性善性悪。與夫修善修悪者。随縁差別之用也。（『性善悪論』卍続101・870a）

質問は、十界が随縁差別門のことであることは、既に教えていただいた。だが、どうして、不変随縁を無差別でありながら、しかも差別門と言うのですか。伝灯の答えは、上の文で十界随縁差別門を明らかにした。能随縁の染と浄（染というのは凡夫が煩悩に汚染されていることをいう。浄というのは清らかな仏のことを指す）によって、十の法界に分かれている。この中で性善、性悪とともに修善、修悪を正確に論ずれば、ともに差別の働きから来ているのである。

これによると、真如の不変随縁によって、十界の差別や修善、修悪の違いが生じるのだと答えている。

正以真如不変体中具善悪二性。故随縁時。有善悪之用。是則能随之性。名曰善悪。所随之縁。名曰洗浄。十界善悪之性。具足五陰実法。名為正報具足国土実法。名為依報。（『性善悪論』卍続101・870a）

まさに真如が不変の体の中に善悪の二性を具している（この思想が性善悪説の根幹である）

から、真如が随縁するとき善悪の働きがある。これが、まさに能随縁性なのだ。そして、善悪と言うのだ。（これに対して）所随縁は（仏が）衆生の穢れを洗い清めることをいう。十法界の善悪の性には真実の法を具しており、正報に国土の真実の法を具足しているという。これを依報という。

以上が、ここの文章のおおまかな意味である。ここで重要な点は、真如である不変に善悪二性を具していること、それ故に真如すなわち不変が随縁するときに善悪の働きが生ずるので、これを能随縁の性ということである。他方、所随縁は衆生の悪を洗い清めることをいう。さらに、十法界の善悪の性には五陰の実法を具している。また、正報には国土の十法を具しているので依報という。正報と依報の関係は、正報が体、依報が用になり、縁起の関係にある。

さて、ここでいう具足、具は、無論、縁起の関係であることを意味するのが、天台の概念である。先に出てきたあらゆる概念は、存在同士が関係することに基づいて生じているのだというのが伝灯の主張である。

天台大師。於此具明十界十如。一界有十如。則十界有百如。十界各各互具。成百法界。百法界互具則千如是具論実法一千。国土一千。仮名一千。如是三千。於真如性中。無不具足。惟其性本具足故。随染浄縁時。有正報依報三千之事。乃全真如不変之体。而為随縁之用。以無差別。而為差別。如是等義。具在諸大乗円頓経中。若顕示其相。則莫過楞厳。彼於七大文中。而具明性色真空等義。並随衆生心。応所知量。随縁之義。（『性善悪論』卍続101・870a－b）

天台大師智顗の説く三千という数を挙げた根拠を述べ、真如の性はあらゆるものを具足し、それ故に真如（不変）が随縁するとき、染浄の縁で随縁するとき、正報、依報、三千が生ずる。つまり、真如が不変の体で、また同時に随縁の用にもなるのだ（伝灯のこの論理は、不変随縁、随縁不変を論ずるときに重要である）。だから、無差別によって差別となるというような論理が成立する（この根拠は、存在に自性がないこと、存在相互が縁起であることから来ている）。この経の中に、の在りようは大乗円頓経に示されているが、『華厳経』の記述が最も優れている。この経の中に、性と色が真空である意味と、衆生心の知量に応じて真如が随縁する意味が説かれている。

今指性善性悪之色空。而此色空。在一性中。体恒不二。亦無差別。與所具三徳之性。体亦

不二。無有差別。故曰。清浄本然周遍法界。清浄即地大中般若。亦名真諦。本然即地大中解脱徳。亦名俗諦。周遍法界即地大中法身徳。亦名中道第一義諦。（『性善悪論』卍続101・870b–871a）

性善性悪は、色が空であることを指摘している。しかもこのものが空であるのは、一性の中において在っていて、しかも体はいついかなるときも不二で、異なりがないばかりか、この性に具されている三徳（般若、解脱、法身のことで、仏に本来備わっている徳）の本性も、体は不二で異なりもない。だから清らかで、本来、法界に充満している。この叙述は、一性に善と悪を具していることを示しており、伝灯の性善悪説を補強している。また、地大中の般若に具している清らかさを真諦といい、本来具している地大中の解脱の徳を俗諦という。また、地大中の法身の徳が充満しているのを、第一義諦という。

この文章では、第一義諦が空、仮、中の中に該当するから、その法身の徳に、空である真諦の徳の般若、仮である俗諦の徳の解脱をも具している。法身、般若、解脱の三徳は天台では、縁起の関係（具）にあると伝灯は論じている。

四明随縁之義云。随衆生心応所知量循業発現。与華厳能随染浄縁。具造十法界義同。所随之縁。有心有業。心即十法界染浄二心。業即十法界善悪二業。仏界三智之心名浄心。九界三惑之心名染心。仏界順性之行名善業。九界逆性之行名悪業。謂真如不変仏界性善。（『性善悪論』卍続101・872a－b）

四に真如随縁の意味を言うと、衆生心に随縁して、知量、循業が発現されることを知るべきである。『華厳経』の能洗浄縁に随いながら、十法界を造ることと意味は同じだ。所随縁は心にあり、業にある。心に十法界の洗浄の二心を具している。業（働き）は、十法界の善悪二業を具している。具体的に説明すれば、仏界の三智（一切智。一切の総相を知る。相の当体を知ること。空観のこと。声聞、縁覚の智慧。次に道種智。一切の存在の差別の相を知る。仮観。菩薩の智慧。最後に一切種智。一切の法に通達する。中観。仏の智慧）の心を浄心といい、九界の三惑（一、見思惑。身見・辺見のように、誤って道理を理解して起こす見惑と貪欲・瞋恚のように、世間の事物を顚倒して起こす惑。二、塵沙惑。菩薩が人を教化する際に起こす惑。三、無明惑。中道実相の理に迷う惑。根本の理体に迷う惑）の心を染心という。また仏界の順性の行いを善業といい、九界の真如に随わない逆性の行いを悪業という。真如不変仏界は、性善の体であるという。能随の仏界の浄心に随って、仏界修善の色を造る。

この記述によれば、仏界の性に善を具していることになる。仏界は性悪ではないのだ。

約正報。則入地如水。覆水如地。咽喉津液得味中上味。約依報。則也・。流入徳具七宝色。皆悉柔軟。……四院繞（めぐる。まとう。）梁。宣暢大乗。又真如不変九界性悪。能随染心悪業之縁。造九界修悪之水。約正報則大小便利。膿血津液。約依報。則雨露霜雪。江河、淮河。渓潤溝壑（かく、谷）。一切諸水。至於極悪。則地獄中。廃河血池。八寒凍裂。又至於極悪。則世界将壊。水灾（さい）難起。浩浩漾漾（よう）。（『性善悪論』卍続１０１・８７３ｂ－８７４ａ）

九界は、無明、煩悩、迷いの境涯である。九界の本性の性悪について、染心（煩悩の迷いの心）は悪い働きの縁によって九界の悪い働きとなるのだ。ここの論述の要点はまた、真如不変の九界の性は悪であり、能随染心悪業の縁であり、九界の修悪の水となるということだ。

だから伝灯は、性に善悪を具すと主張しているのだ。これは明らかに天台性悪説の否定である。

真如と如来蔵――

四明真如「性具」之理云。汝元不知如来蔵中。「性」識明知覚明真識。妙覚湛然。遍周法界。含吐十虚。寧有方所。如来蔵真如不変之体也。「性」識明知覚明真識。此指真如不変体中。所「具」一分識大。対明知覚明。以和会之。文言「性」者。亦対相為言。蓋有「性」識「性」覚。相識相覚。相識相覚乃十界真如之「性」。随染浄縁。造成識之與覚。今指「性」善「性」悪之識覚。此識乃明知。此覚乃真覚。故往復言之曰。……体恒不二。「性」無差別。即與所「具」三徳之「性」。……兼有般若解脱。二徳。亦名真俗二諦。遍周法界。即識大上法身徳。亦名中道第一義諦。既云妙覚湛然。（『性善悪論』卍続101・879b－880a）

四明知礼は真如の性具の理を述べている。あなたは、本来如来蔵の中にあることを知らない。性識は知覚を明かし、真識を明かす。妙覚（仏のこと）は湛然としており、法界に満ち満ちている。……如来蔵は真如であり、不変の体である。真如の性と如来蔵の性は、互具であるから縁起である。真如がなければ如来蔵はなく、如来蔵があるから真如もある。如来蔵は真如不変の随縁であり、随縁の如来蔵の不変が真如である。両者は、このように縁起の在りようだ。性識は知覚を明らかにし、真識を明らかにする。このことは、真如不変の体の中であることを指摘している。所具の一部である広大な識は知覚を明らかにして、これを和会する。『法華経』の経文に説いている。さらにまた、性は相に対して述べている。思うに、性識と性覚があり、相識と相覚がある。それらは十界真如の性である。性の識と覚も相の識と覚も、十法界の真如の性質、性格、というよりも本性なのである。染浄の心が随縁して、識と覚とを造る。いま、性善性悪の識、覚を指して説明するなら、この識は知を明らかにし、この覚は真如の覚なのだ。だから、繰り返してこのことを言ったのだ。般若と解脱は真俗二諦である（この場合、般若が真諦、解脱が俗諦である）。法界に満ち満ちているので、法身の徳であり、さらにまた中道第一義諦という。妙覚（仏のこと）は湛然としているのだ。

ここで般若、解脱、法身の仏の三徳が、真諦、俗諦、中道第一義諦と言っているのは、この三者が、互具、縁起の関係であることを示唆している。

若見聞知。性円周遍。本不動揺。當知無辺不動虚空。並其動揺地水火風。均名六大。性真円融。皆如来蔵。本無生滅。阿難。汝性沈淪。不悟汝之見聞覚知。本如来蔵。汝當観此見聞覚知。為生為滅。為同為異。為非生滅。為非同異。四明真如性具之理云。汝曾不知如来蔵

中。性見覚明。覚精明見。清浄本然。周遍法界。如来蔵真如不変之体也。性見覚明。覚精明見。此指真如不変体中所具一分見大。所具一分識大。以和会之文言性者。乃対相為言。蓋有性見相見性。覚相。相見相覚。乃十界真如之性。随染浄縁造成見之與覚。（『性善悪論』卍続101・882a）

見聞のごとく知れば性は円満で、周遍して、本来動揺することはない。当然、無辺、不動の虚空であることがわかろう。性は真如、如来蔵であり、本来生じたり滅したりはしない。阿難よ。あなたは性に沈没し淪んで、あなたは見聞覚知を覚っていない。だが、本来、如来蔵である。あなたは、この見聞覚知を観察すれば、生滅しており、同異があり、非生滅であり、非同異であるのだ。四に、真如性具の理を明らかにすれば、あなたは過っているので、自分が如来蔵の中にいることを知らない。性を見れば覚が明らかになり、覚は精密に明らかに見るのだ。本来清らかで、法界に周遍する如来蔵真如の体である。性を見れば覚が明になり、覚は精密に明らかに見る。これは真如不変体中の一部の広い見と一部の広い所具の知識を指す。このことを『法華経』の文章と和会して、性を言うのは、つまり相に対して言うのだ。思うに、性が在って相を見る。性を見るのは、相を覚り、相の相を見ることを覚るのだ。相は相を覚り、相を見て覚るのだ。すなわち、十界真如の性は、染浄の縁に随って、見と覚とを造るのだ。

この段落の文章は長いが、性は遍満しており、さらに性は果においては真如であり、因においては如来蔵である。真如性具の理が明らかになれば、自分が本来、如来蔵の中に入ることに気付くが、もし迷えば、このことに気付かない、というのが、ここの要点である。

合成虚空。若合色時。合色非空。若空合時。合空非色。色猶可析。空云何合。三明真如性具之理云。汝元不知如来蔵中。性色真空。性色真色。清浄本然。周遍法界。如来蔵即真如不変之体也。（『性善悪論』卍続101・870b）

性と存在は真空である。真空とは、但空とは区別され、天台では主観である観の空、仮、中と、客観である諦の空、仮、中に該当して説明すれば、この空は但空である。これに対して真空は中に相当する。この中は単に空、仮の二つを超越しているのみならず、同時に具している「中」なのだ。言い換えれば「中と空、仮」「真空と空、仮」は、それぞれ縁起、すなわち両者が関係することによってのみ存在できるのだ。故に真空は空と仮を具しており、空も仮、中を具しており、仮も空、中を具している。空、仮、中は互具の関係にあるということができる。

次に、真如の性に理を具すという。真如の性と理とは、お互いの関係において存在しているというのだ。如来蔵の中では、性と存在はともに真空であり、本来清らかであり、法界に満ち満ちている。だから、如来蔵と真如の関係は即であるから、同時に具でもあり、それ故、如来蔵も真如も本体は不変であると。

ここでは、真空が中であることと、真如と理とは具の関係であり、だから如来蔵と真如は具であると述べているのだ。

當知現前地水火風。均名五大。性真円融。皆来蔵如。本無生滅。阿難。汝心昏迷。不悟四大。元如来蔵。當観虚空。為出為入。為非出入。四明真如性具之理云。汝全不知如来蔵中。性覚真空。性空真覚。清浄本覚。周遍法界。如来蔵真如不変之体也。（『性善悪論』卍続１０１・８７６ｂ）

性は真空で円融しており、皆、如来蔵であり、本来生ずることも滅することもない。阿難よ。あなたの心は真暗闇で迷っているから、元々、自らが如来蔵であり、真如性具の理を明らかにするならば、あなたは自身が如来蔵の中に在ることを知らない。性は真空であり、空は真の覚であり、清らかで法界に満ち満ちているのだ。如来蔵は真如不変の本体なのである。

約菩薩。則為但中之空。約二乘。則為編真但空。約世間禅。則非非想処之空。約外道。則為四禅無想之空。約無為教。則為晦昧之空。約闡提。則為不信三世因果。謂人死如灯滅。撥無罪福之空。以至外道六十二見之空。斯人因心。雖邪執為空。死後果報。焉能得空。三途悪道如遊園観。駝驢猪狗是其行処也。（『性善悪論』卍続101・877b）

仏に約した場合（仏のスキルによれば）、空、仮、中の存在形態（在りよう）は互具（縁起）であるが、菩薩から見れば存在は但中の在りようである。但中というのは単なる空、仮、中の「中」のことである。つまり空、仮に対して相対的にこの両者を超克している「中」という意で、その場所では空や仮の存在価値が否定されている。劣った存在であるとみなされているから、すべての衆生に仏性がある、如来蔵の中に居るといった究極の発想は生まれない。ここでは単に「菩薩はその他の衆生よりも相対的に優れた存在だ」というに過ぎない。

二乗（声聞、縁覚）に当てはめて考えると、偏真（真に偏っている、虚を具さないという意）、但空（即空即仮即中ではない、空のみを観察できる、空に執着しているスキルがあるという意）で、即空即仮即中（空、仮、中が互具している、縁起している。空も仮も中もその存在価値がある。仏のみが知ることのできる境涯のこと）と把捉するスキルを持つ仏には劣っているのだ。

心仏衆生の三法──

法についての概念を、伝灯の『法華玄義輯略』が引用している南嶽慧思と智顗の言葉で説明する。

法者。南嶽師云。法有三。謂。衆生法。仏法。心法。（『法華玄義輯略』卍続44・752a）

南嶽師は法について論ずる。法には三あって、衆生法、仏法、心法のことである。

この言葉は、法そのものの説明というよりも、天台で具体的に思考し止観するときに関わる三法のことをいう。この三法は、『華厳経』によれば無差だ。何故ならば、仏法といい、衆生法といっても、われわれが止観するときは己心を通じて観察するからであり、われわれは自己の心で自己の心の観察を通じて仏法をも衆生法をも観察し、それ以外の方法では止観をすることはない。心、仏、衆生の三法は、すべて己心を媒介することによってしか観察はできないからだ。『法華玄義輯略』によれば、心法、仏法、衆生法についてさらなる記述がある。

當知。衆生之法。不可思議。雖権実而権。雖権而実。実権相即不可思議。不可以牛羊眼。観視衆生。不可以凡夫心評量衆生。智如如来。乃可評量何以故。衆生法妙故。故経云。欲令衆生開示悟入仏之知見。若衆生無仏知見。何所論開。當知。仏之知見蘊在衆生也。(『法華玄義輯略』卍続44・753a)

衆生法は、仏法に対すれば、前者は権で後者は実となる。だが、真実のところは、この権実は相即しており、その在りようは不可思議なのだ。理由は衆生法が妙だからで、『法華経』には、衆生法は衆生を仏知見に開示悟入させたいから説かれたもので、衆生に仏知見が無ければ理解できないから、衆生に仏知見はあると説いている。

ここで言う相即とは具と同義であり、縁起という意味でもある。

仏法者。仏豈有別法。祇百界千如是仏境界。唯仏與仏究竟斯理。……己身他身微妙寂絶。皆非権非実。而能応於九界之権。一界之実。而於仏法無有損減。諸仏之法。豈不妙也。故経云。止止不須説我法妙難思仏法。不出権実。是法甚微妙。難見難可了。一切衆生類。無能知

仏者。即実智妙也。及仏諸余法亦無能測者。即仏権智妙也。如是二法。唯仏與仏乃能究盡諸法実相。是名仏法妙也。（『法華玄義輯略』卍続44・753a－b）

仏法と言っても、別の法があるわけではない。百界千如が仏の境涯である。ただ、仏だけがこの道理を究めているのだ。……己心も他心も微妙寂絶の在りようをしている。皆、権でも実でもないが、九界の権に応じ一界の実に応ずるが、仏法に損減はない。諸仏の法は、どうして妙でないことがあろう。だから『法華経』に説いている。止みなん止みなん。私の法、妙で考えることが難しい仏法は説くことができない。だが、権と実の外に出るわけではない。この仏法は甚だ微妙で、理解したり了解することは難しい。一切衆生たちは仏を知ることはできない。すなわち、仏の実智は妙だからである。そのうえ、仏のその他の法もまた推し測ることはできない。すなわち仏の権智も妙だからである。これらの権実二法はただ、仏と仏のみが諸法の実相を極め尽くすことができるのだ。これを仏法妙という。

心法者。前所明法。豈得異心。但衆生法太広。仏法太高於初学為難。然心仏及衆生是三無差別。観心則易。涅槃云。一切衆生具足上定。上定者。謂仏性也。能観心性。名為上定。上能兼下。即摂得衆生法也。華厳云。遊心法界如虚空。則知諸仏之境界。法界即中也。虚空即

空也。心仏即仮也。三種具即仏境界也。是為観心仍具仏法。又遊心法界者。観根塵相対一念心起。於十界中。必属一界。若属一界。即具百界千法。於一念中。悉皆備足。（『法華玄義輯略』卍続44・753a－b）

『涅槃経』に「一切衆生は上定で仏性がある」とある。また、『華厳経』に「心仏衆生の三種は即（具）仏境界である」と述べられている。だから「心を観察すれば、この心法に仏法と衆生法を具しているから、この一念の中に、ことごとく備わっているのだ」と結論付けている。心仏衆生の三法は相即（天台においては、即は具と同義である）している。心法、仏法、衆生法は、それぞれ相即、互具であるのだ。ここで伝灯が「心仏衆生の三法が相即」している」と述べているのは、『華厳経』の「心仏衆生の三法無差」の記述に寄り添っているからだ。彼の言う相即は、「同一」とか「等しい」という意味ではない。心法、仏法、衆生法は、それぞれ別個の存在である。彼は「この三法はそれぞれ無自性であり、互いが関係し合うことで存在している」ということを意図しているのである。したがって、ここで言う相即は「三法が関係することにおいてのみ」存在しているという意味で述べているのだ。

『法華玄義』には次のようにある。

広釈心法者。前所明法。豈得異心。但衆生法太広。仏法太高。於初学為難。然心仏及衆生是三無差別者。但自観己心。則為易。（『法華玄義』大正33・696ａ）

広義に心法を解釈すれば、前に明らかにした法はどうして心と異なろうか。この三法のうち、衆生法は非常に広大で、仏法は限りなく高度であるから、初心者には観察するのは困難である。然るに『華厳経』によれば「心仏及び衆生の三法に異なるところはない」から、自身の心法を観察するのが最も容易である。

この理論の背景には、無自性と縁起の概念がある。この三法には自性はない。しかも各自の存在は、お互いが関わり合うことによってのみ存在している。だから、この理論化が可能になるのである。

こうした考察によれば、慧思の思考は極めて実践的だと言えるし、他方、智顗は慧思の衆生法の説明を補足解釈しているのだ。慧思の説明は簡略で、それだけでは読者の誤解を生む可能性があるからだ。

衆生法者。経云。所謂諸法有如是相。如是性。如是体。如是力。如是作。如是因。如是縁。如是果。如是報。如是本末究竟等。（『性善悪論』卍続101・752a）

衆生法とは、『法華経』に説かれている。具体的には、さまざまな法にはそれぞれの相貌、性質、本体、力用、作用、原因、因縁（関係）、結果、応報、根本、枝葉、顛末などの内容を持つ。

この文章を要約すれば、衆生法にはさまざまな側面、性質、作用があるのだが、大略すると性と修とが備わっているということであろう。

故華厳云。心如工画師。造種種五陰。一切世間中。無不従心造。如心仏亦爾。如仏衆生然。心仏及衆生。是三無差別。今宗正約此旨。以釈法華経題之妙法。謂法者。心仏衆生之三法也。妙者三無差別也。然雖三皆無差。若約近要。又莫要於心。故天台大師云。仏法太高。衆生太広。初心為難。三無差別。観心則易。今約世人近要者為言。故独指心法。非身色依正。而不具論。故知衆生色心依正。一念一塵。與真如不変之体。毫無虧欠也。（『性善悪論』卍続101・885b−886a）

だから『華厳経』に述べている。心は画家のように種々の五陰を造る。一切世間の中で心によって造られないものはない。心と仏の如きもまた然り。仏と衆生もまた然り。心仏及び衆生のこの三に、異なりはない。天台では正に、この旨について『法華経』題の妙法を解釈した。法というのは心仏衆生の三法である。妙は三無差別のことだ。然るに、この三は、異なりがないといえども、もし近要によれば、また心を要（かなめ）としない。だから、天台大師は述べている。仏法は甚だ高く、衆生法は甚だ広い。初心者には観察するのは難しい。三法には異なりがないから、心を観察するのは容易だ。今は、世人の近要について言うのだ。だから、ただ心法だけを指して、身色依報正報でなければ、具を論じない。だから、衆生の色心依正、一念一塵は、真如不変の体を知れば、ほんのわずかでも欠けることはない。

ここでは『華厳経』に基づいている。心法仏法衆生法の三法に差別はないが、仏法は甚だ高く、衆生法は甚だ広い。心法が近要だから、心を観察するのが止観にとって容易である。だが、世人が近要と言うときは具を論じない。天台では、色心に三千（真如不変）を具しており、他宗と違い、教義に欠点はない。つまり、天台の止観で、己心を対象にする根拠を述べているのだ。智顗が『華厳経』に説かれている三無差別の文章を引用して（この華厳の引用文については本論文にしばしば登場するので、ことさら註記しない）心法、仏法、衆生法の三法のいずれから観察を始めるのかというとき、初心者には心法が現前しており、手近で容易だと述べている意と同義だ。智顗は「介爾の一念」と言い、智旭は「現前一念の妄心」（紫柏真可の語からの引用）と述べているところのものである。

伝灯の「性善悪説」の後世への影響について考えると、その大きさをはかることは難しい。伝灯の性善悪説を継承した著作が見当たらないからだ。

如来の性説に関して言えば、天台性悪説に対抗して異説を主張した学者には、性善悪説の伝灯の他に性善説を堅持した智旭がいる。彼の性善説に直接大きな影響を与えたのは、王陽明と紫柏真可であろう。だが、天台思想の一大特色に敢然と立ち向かった伝灯の性善悪説もまた、智旭の批判行動の契機になったのではないかと私は考える。

■註

1【性と修】…天台性悪説では、仏法界は性悪、衆生は性善と説く。その理由は、仏は用の悪を修じ尽くして本体の性に悪のみ残り、修は善であり、衆生は修に善を修じ尽くして性善のみ残ると説いているからである。詳細は後に論ずる。伝灯は修、作用の面と見ている。この「性と修の互具互融の関係」こそ天台教学の眼目であると伝灯は考える。

2【性】…

具足十界。而有性善性悪両種法門。謂之法門者。法以軌則為称。門以出入為義。謂此性善性悪。皆果人度生軌則。果人則従此二門出而利生。衆生則之此二門入而作仏。故称性善性悪法門。然此二門。性善則常。性悪則変。如釈迦如来一代施化。無非行善順理之道。即以四種仏身。説半満之教。皆性善也。常道也。……性善法門。人所共曉。事渉多門。不能繁引。今但以理越常情。駭（がい、おどろく）**目驚心者。略引一二。以験性悪法門之不虚。略為四科。一究竟性悪法門。二分真性悪法門。三相似性悪法門。四観行性悪法門。一究竟者。即釈迦如来。五時施化之迹。有渉此門者。具在大蔵。未能具検。今略引六縁。**（『性善悪論』卍続101・889b）

門は、出入りするところの意味である。この性善性悪は、果人（仏）が衆生を済度する仕組みをいい、仏はこの二門を出入りすることによって衆生を利益するのだ。衆生はこの二門に入って仏となる。だから、性善性悪法門という。然るに、この二門では性善は正常であり、性悪は変則である。釈迦如来一代施化は行善順理の道でないものはない。

況性之善悪。体本融通。於彼因善得益。謂之性善。於悪得益。謂之性悪。夫悪以不順為義。（『性善悪論』卍続101・890b）

いわんや、性の善悪の体は、本来、融通して、かの善因において利益を得るおや。性善をいえば、悪によって利益を得る。性悪をいえば、かの悪は不順という意味だ。

性善法門。究竟円満。全由提婆達多性悪法門。（『性善悪論』卍続101・897a）

性善法門は究竟円満で、すべて提婆達多性悪法門に由る。

苟微性善悪法門。則無以闡揚。故列於分真性善悪法門之首。……然如来則全性善以起修善。以修善而臻（しん、いたる）極乎性善矣。（『性善悪論』卍続101・897a）

いやしくも、微性善悪法門は闡揚であることによる故に、分真性悪法門の先頭に列することはない。

然則水之為性。豈必流於下乎。曷為水之修善。如安養世界。七寶池中之水。従如意珠王之所湧出。自下而上。流涙花間。尋樹上下。分布・四支。此豈孟子激而行之。可使在山者乎。又如弥勒内院。八功徳水亦而下而上。繞（にょう、めぐる）於梁間。宣説甚深妙法。亦非激之而使乎上也。要知世間水之流下。修悪中所有水相也。既水之修相。可以為上。而可以為下。則水之為性。清浄本然。周遍法界。性具善悪明矣。（『性善悪論』卍続101・874a-b）

水の本性は低い所へ流れるから、どうして水の性を修善と言うことができようか。ここで喩えている水は、低い所に流れるのみで、高きに流れることができないから、修善と言うことはできない。要するに、甚深微妙法の経に述べているのは、世間では水は低きに流れるから、修悪が水の姿であると。もしも水が修善となるならば、水は高い所に流れねばならない。だが、水の性は低きに流れることが性だから、甚深微妙の法『法華経』は、本来清浄で法界に満ち満ちており、性具が善悪である（性に善悪を具すること、性を取り上げれば、善と悪とが縁起の関係にある）ことは明白だ。

亦孟子謂。吾善養吾浩然之気。此気充塞於両間。為地耶。水耶火耶。風耶空耶。独然耶。雑然耶。謂之為気。宜其為五大之余燄（えん、ほのう）然今経之取其易見之七大・先発明者。猶是修善修悪中之事。非所謂性善悪也。若夫性色真空。性空真色。清浄本然。周遍法界者。必非直両間間六合而已矣。水大如此。

余大皆然。是則依報地水火風空之性。莫不清浄本然。周遍法界而已・具乎性善性悪矣。況人身之六根。余夫六識心性。而不具性善性悪乎。第性之善悪。與修不同。修之善悪。則確然有昇沈苦楽之異。若夫性之善悪。体具三徳。皆不二而二。二而不二。何昇沈苦楽之殊哉。（『性善悪論』卍続101・874a－b）

伝灯は言う。「孟子が浩然の気を養う」と言っている。七大（地、水、火、風、空、独然、雑然）を取り上げているのは、わかりやすい。まず、最初に明らかにすれば、これは修善修悪のことであって、所謂性の善悪について言っているのではない。孟子の浩然の気で善悪について述べているのは、作用の善悪のことで、本性の善悪についてではない。伝灯が問題にしている修と性、作用と本来の性のうち修の部分について、孟子は論じているのだ。

伝灯は、その思想をさらに進めて、性にも善悪の存在を容認する。従来、天台では性悪のみを主張していたから、伝灯は孟子の「性善説」を自己の思想に取り込んで、天台の思想とは異なる「性善悪説」を主張するのである。性善性悪の見と覚とを指す。この見は真の見であり、この覚は真の覚である。これは性見が覚明を具している。覚精が明見を具している。繰り返して言えば、性見は覚明であり、覚精は明見である。しかも、これは見覚であり、その体は常時不二であり、さらにまた差別はない。すなわち所具の三徳と体は不二で、さらにまた差別はなく、所具の三徳と体もまた不二で、差別もない。だから、本来清らかであり、法界に周遍している。清らかさは広く見る般若の徳を具しており、さらにまた真諦という。本然（真実の対境）は、見大中の解脱の徳を具している。これをまた、俗諦という。法界に周遍することは、見大中の法身の徳を具しており、また、中道第一義諦という。つまり、見大中の般若の徳と見大中の解脱の徳と見大中の法身の徳は、真諦と俗諦と中道第一擬諦が互具の関係、縁起の在りようをしているように、同様な在りようをしている。

三明真如性具之理云。汝宛不知如来蔵中。性風真空。性空真風。清浄本然。周遍法界。如来蔵真如不変之体也。性風真空。性空真風。此指真如不変体中所具一分風大。所対一分空大者為言。文言。性者。亦対相而説。蓋有性風相風性空相空。相風相空。乃十界真如随染浄縁。造成空之與風。即修善修悪也。今指性善性悪之風。……此空乃真風是則性風即真空。性空即真風。故往復言之而曰性風真空。性空真風。而此風空。在一性中。体恒不二。亦無差別。即與所具三徳。体亦不二。亦無差別。故曰。清浄本然周編法界。清浄即風大中般若徳。亦名真諦。本然即風大中解脱徳。亦名俗諦。周遍法界。即風大中法身徳。亦中道第一義諦。既云。清浄。則此風大本無汙染者也。（『性善悪論』卍続101・875a－b）

三に真如の性具の理を明らかにすれば、あなたはそのまま如来蔵の中に居り、風の性は真空であり、空の性も真の風であって（ここは、日本語に訳しにくいが、かいつまんで言えば、伝灯は性に善悪はない。風も空も具の在りよう、お互いの関係の中でこそ存在しているということを指摘しているのだ）、本来清らかであり、法界に満ち満ちており、如来蔵は真如不変の本体なのだ。

汝宛如来蔵中だから清浄本然であるとも言えるし、清浄本然であるということは如来蔵だと言ってよい。真如は不変であり、これが随縁した姿の一の在りようは、如来蔵であるというのが、伝灯の主張なのだ。われわれの性には清浄本然の真如を具していて、差別がないのだ。それは真如、不変が随縁した様態が如来蔵であり、われわれは如来蔵中にあるからだ。伝灯が「真如性具之理」と言っているのは、このことである。

性は相に対して説く。思うに、性風相風、性空相空、相空相風なのは（性と相がさまざまに随縁しているのは）、十界の真如随染浄縁であるからだ。つまり、不変の真如が、随縁して染縁（煩悩）、浄縁（正覚）となるのであり、即修善修悪也十界の真如が随縁して善を行い悪を行うのは、十界の真如に善悪をともに具しているからである（伝灯の言う「即」と「具」は同義であり、縁起の意味に使用されている）。つまり「真如の性が単に善でも悪でもなく、善悪ともに具しているから可能なのだ」というのが、伝灯の論理である

今性善性悪の風を指して、この空はそのまま、真風は性風が真空を具している状況なのである。だから性風の真空、性空の真風といい、この風は空で、一性の中にある。つまり、伝灯の理解では性が不変で、その随縁したものが修であり、風も空もその一例に過ぎない。この見解によれば、性の不変が随縁して風と空になって、それ故に存在に応じてさまざまに変わり、不変の真理へと還っていく。よってその真理、性には、善のみでなく悪をも具するのである。伝灯によれば、不変随縁は縁起の在りようで、性が存在につれて善と悪に分かれていき、さらにまた、その善悪が本来の性に還帰していく。

さらに伝灯は、空と風の喩を挙げる中で、風が清浄、本然、周遍法界の性質と、仏の三徳、般若・解脱・法身に相当して、またそれぞれを真諦、俗諦、中道第一義諦であるとして、結局のところ真諦即俗諦即中道第一義諦の構図を描き、これらの三諦が「即」であることは、同時に「具」でもあり、縁起でもあるということになる。

3【性悪説】…

法界者。即十法界也。円融者。総論。百界。別語三千。即生仏依正。互具互融。故曰円融。非違等者。以性奪修。千法皆性。何修不泯。破戒比丘。不入地獄。清浄行者。不入涅槃。豈唯地獄。涅槃即性。抑

亦破戒浄行。非修。（『観音玄義記』〈巻二〉大正34・899b）

天台教学を学んだ者のみが天台性悪説を理解できる。天台性悪説は非常に特殊な概念であることを言っている。十界を具足して、しかも性善性悪二つの法門がある。法門とは、法は軌範によって称する。門は出入りを意味する。この性善性悪は皆、仏が衆生を済度するための規範である。仏は、この二門から出入りして衆生を利益する。衆生は、この二門から入って仏となる。だから性善性悪法門という。然るにこの二門は、性善は正常で性悪は変則だ。釈迦如来一代にわたり教化を施して、行善順理の道であり四種類の仏身によって、半（小乗）満（大乗）の経を説かれたがごときは、皆、性善であり、正常の道だ。……性善法門は、人は明らかに理解するが、事は多くの門に渉っているから煩雑で引用できない。今、但だ理によって正常の情を超越して、心や耳目を驚かせることを略して、一二引用する。性悪法門の虚ではないことを検証するためには、略して四科とする。究竟性悪法門、分真性悪法門、相似性悪法門、観行性悪法門だ。究竟というのは、釈迦如来が五時（天台の教相判釈の五時八教のこと）の施化の迹ことで、この門に該当するものは大蔵経にあるが、まだ具体的には検証できない。今、略して六縁を引用する。真に性悪法門は、無をすすめて明らかにするから、分真性悪法門の先頭に列する。……然るに如来は、性善を尽くして修善を起こし、修善によって性悪を極めるのだ。

4【直指人心見性成仏】…

天台之言。直指人心見性成仏者。蓋見乎此成乎此也。如是説者。名為即修論性。非即性成性。若即性論性。已如前第一真如不変十界冥伏門中説竟。雖即修論性。與前第一門大体。無二無別。但前即性論性。如即海論海。今此門中。即修論性。如指漚（おう、ひたす）**而即海也。**（『性善悪論』卍続101・88

5b）

天台で論ずるのは、「直指人心見性成仏（座禅によって直に自分の心性観察するとき、仏の境涯に至る）」とは、思うに、これ（人心）を見てこれ（仏果）を成就するのだ。このような説は、修に即して性を論じているのである。性に即して性を成就しているのではない。もし、性に即して性を論ずれば、前の第一真如不変十界冥伏門中なので、既に説き終わっている。修に即して「性」を論ずるといえども前の第一門の大体と同一で、差別（相違）はない。ただ、前の「性にして」を論ずれば、海に即して海を論ずるようなものである。今、この門の中で、修に即して性を論ずるならば、指を海に浸すようなもの（指を浸すには、海は広大過ぎて相応しくない）である。

ここでは性と修、性と性の即を取り上げて、実は天台の具を論じている。具を論じるということは冥伏と言っているから、縁起に触れていることでもある。これによって、天台の即の構造が理解できるのだ。「直指人心見性成仏」は、禅宗で多く使用される句だが、天台でも用いられる。前で説明したように禅での意味と大差はない。だが伝灯は、この句を修に即して性を論じている（修に性を具しているということ）。つまり、如来蔵とか仏性の説明だと見ている。性に即して性を成就するというのは性具の意で、こちらのほうが天台の教義に相応しているという。

5【普賢観経】…観普賢菩薩行法経の略。

6【六即】…下から、理即、名字即、観行即、相似即、分証即、究竟即のこと。この中で究竟即は仏果のことで、理即は初心の凡夫に仏性があることをいう。天台では十界互具を説くから、理に仏性がある凡夫も究竟即の仏果も「即」するので、このように六即を説く。天台学で著名な「一念三千」の語は、智顗の著作『摩訶止観』に顕れる。

7【孟子】…

孟子曰。人性之善也。猶水之就口（不明の字）下也。人無有不善。水無有不下。孟子此説。但知水之相也。未知水之性也。但知水之修悪也。而未知水之修善也。曷（かつ、なんぞ）為水之性。如経所謂水性真空。性空真水。清浄本然。周遍法界。當其水之在性也如此。則何分上下之與東西。如月・為太陰之精。當月之光明。行於太空之時。則自西自東。自南自北。自上自下。無斯而不在求水者。手執方諸。承月中水。一処執珠。一処水出。遍法界執。遍法界生。生満世間。寧有方所。（『性善悪論』卍続101・874a）

ここではまず、孟子の性善説に触れている。

孟子は「人の性は善である」と論じた。それは水が低いところに流れるようなもので、人の性に不善はない。水が低きに流れないことがないようなものだ。孟子のこの説について、天台の性悪説、伝灯の性善悪説の立場から評価をしている。つまり、孟子は「水の相（表面的な姿）」を知っているだけで、「水の本性」については知らない。天台の表現によれば、孟子は単に水の修悪について知るのみで、水の修善については知らない。だから、どうして水の性について述べることができようか。ここでは、「水の性」を「人の性」に喩えている。経に説いているように、水の性は真空（空と仮を具している中で単なる空ではないという意）だから本来清らかで、法界に行き渡らないところはない。つまり、水の性とは、このようなものであるのだから優劣はなく、互いを生かし合い存在させているのだから真諦も俗諦も中道第一義諦が随縁したものに過ぎないと考えている。言い換えるならば、仏の三徳すなわち、般若、解脱も法身が随縁したものでもある。

思うに伝灯は、それほど孟子の「性善説」を重視しているのである。そして、伝灯が四明知礼に代表される天台「性悪説」に飽き足らず、彼の性思想に「性悪」のみならず「性善」を含むのは、仏教の華厳や禅というよりむしろ孟子の影響がかなり大きいのではないか。その根拠として、『性善悪論』の中に孟子からの引用や『孟子』についての論評が存在するからだ。そして不思議なことに、同じ明代に大いに流行した陽明学の影響が見られないところも伝灯の特色とも言える。同じ明代の天台学者智旭の「性善」が、陽明学の影響が強いのとは極めて対照的である。

さて、幽渓伝灯の著作『性善悪論』の序文に、それ故に後学によるこの種の著書が少ないのかもしれない。大正蔵に収録されているくらいだから学者の評価は低くないとは思うが。

天台家言。並由理具方有事用。此之謂也。（『浄土生無生論註』卍続１０９・13ｂ）

天台学で言うところの理具によって、まさしく事用があると言っているのは、このことであると。天台学では、理から見れば具によって事の作用があると。理具（一念三千）なのである。

第二章　幽渓伝灯の思想形成

第一節　百松真覚の『三千有門頌略解』

真覚の履歴――

百松真覚は、幽渓伝灯が直接面授を受けた師である。伝灯がこの師からどのような影響を受けたかということを、これから論述する。

真覚の業績について調べるのに最もよいのは、智旭の著書だ。彼の『宗論』によれば、真覚の著作は二つあった。だが、現存するのは、この『三千有門頌略解』のみである。だから、この著書を読んで彼の思想を論ずる。なお、伝灯の思想と直接関係のないものは脚注に記す。

百松真覚が「略解」を付けた『三千有門頌』は、宋代の陳瓘の作である。その内容を略説すれば、天台円教四門の初門、すなわち有門の一念三千、三諦三観、十乗六即について、七言三十六句の頌を作って、『三千有門頌』の名を付けた。この頌を有門ないし初門と言うからには、天台学の入門書の類であろう。この頃、伝灯はまだ活躍しておらず、天台学は知礼らの華々しい論争があった、宋代に比べて衰微の傾向にあったから、天台学を敷衍するためにこのような入門書の類が必要とされ、真覚は弟子の馮夢禎に依頼されて、陳瓘の『三千有門頌』を選んで講義し、さらに簡略な解説書を書いたのであろう。

『三千有門頌略解』は、万暦十二年に、当時、仏隴寺にいた百松真覚の手になったのだ。この書の巻末には、著作を依頼した翰林院編修教観、馮夢禎の「又附有門頌解序」と智旭の「刻三千有門頌解後序」がある。前者に言う。

宋時天台之教盛行。無論僧徒。即号為士大夫者類能言之。今観陳瑩中先生所撰有門頌。抑何言約義弁也。今相去僅四五百年。而海内緇流。無能挙天台一字一義者。況士大夫乎。妙峰覚法師。奮然為鳴陽孤鳳。幾二十年講者。或竊笑。斥為異物。而法師益精其説。……因請法師出有門頌略解。行於世以聳動今之士大夫。台教中興在此一挙。余日望之。

萬歴甲申長至日翰林院編修教観弟子馮夢禎　謹撰（『三千有門頌略解』卍続101・338a）

宋の時代には天台は盛んに行われたが、僧侶、士大夫はよく理解した。だが、それを去ることわずか四五百年の今、陳瑩中先生が撰した『有門頌』を読んでみた。そもそもどのようなことを論じようとしているのであろうか。この国の僧侶は天台の一字一句の意味を理解することができない。まして士大夫においておやである。妙峰覚法師（百松真覚のこと）は奮然として、孤鳳が鳴くがごとく二十余年にわたりこれを講じた。だが、或る者は笑い、或る者は異物を斥けるようにして受け入れなかった。しかし、真覚法師は、その考えを益々詳しく説いた。……因みに、お願いする。真覚法師作の『有門頌略解』が、今士大夫たちによってこの教えが世に行われ、天台教学の中興とならんことを、私は何時もこのことを望んでいる。萬歴甲申、翰林院編修教観で、弟子の馮夢禎謹んで撰す。

馮夢禎は要するに、この『三千有門頌略解』が今の時代の多くの人々に理解され、天台学中興の役割を果たしてくれることを心から望んでいると述べている。この時代には目立った天台学者はいなかったから、なおさら師の真覚の学徳に期待するところが大きかったのだろう。

次に、智旭が『三千有門頌略解』を復刻したときの序文を紹介する。彼は真覚の『三千有門頌略解』を評価し、智旭自ら解を付けた。

……元明以来。此道不振。或有教無観。如貧数宝。或有観無教。以凡濫聖。神廟初年。妙

峰老人起而唱之。一斉衆楚伝不勝咻。開之馮居士乃力請解有門頌。以為士君子風。妙師辞達理瑩。遂使緇素翕然向化。于今又六十年。古板不可復観。……故復較梓以報法恩。並附瑩中上明智書。庶可互相発明。読者苟知介爾有心即是不思議有即是妙仮。即是円教初門。即是法界。具足三千諸法無欠無余。豈非直指人心見性成仏。豈非不思議境。円具九法。成一大乗不生退屈。不生上慢者耶。噫。苟不読此。安知三大五小之妙。苟不精熟三大五小。亦安知此頌解之妙也哉。（『三千有門頌略解』卍続101・338b）

彼は、真覚の業績をこのように高く評価している。『三千有門頌略解』の中から特徴的な頌句と智旭の解文をいくつか紹介し、真覚がいかなる思想の持ち主であったかを考えたい。そうすれば、伝灯の思想の基盤が作られた要因を理解することができる。真覚は陳瓘について言う。

瓘公。宋人也。作有門頌。垂五百年矣。太史開之。馮公諄諄。於是命余為之解。二公用心不殊。（『三千有門頌略解』卍続101・335b）

灌公は宋の人である。有門頌を作ってから五百年になんなんとする。馮公が私に命じてこの頌に解を付けさせた。だが、灌、馮の心配りは異なっていた。

真覚は『三千有門頌略解』を著した動機について述べている。彼は註する。

一家観門異諸説也。諸説雖異観自一。（『三千有門頌略解』卍続101・335b）

天台教学において、止観については異なった種々の説があるけれども、いずれの説も、観法は異なっていても道は自ずから一つであり、止観について諸説があっても大局的に見れば一つに帰するというのが結論である。

卓見と言うべきで、この二句を見ても真覚が凡庸な人物ではないことが理解できる。伝灯は良き師に出会ったと言うべきであろう。

真覚の思想と伝灯への影響――

大経云。三曰。性具即縁因仏性也。具即是仮。仮即空・中。（『三千有門頌略解』卍続10

1・334a）

『大般若経』に云う。三に曰く、性具とはすなわち縁因仏性のことである。縁も因も因位を指す言葉だから、性具は因位についての概念であって仏果の概念ではない。

当然の指摘である。天台においては、性は果の真如に対置する概念だからである。具はすなわち仮であり、仮は空と中のことである。具は仮であり、空であり、そして中でもある。つまり即空即仮即中だと言うのだ。性具が因位の概念だというのは、性が因位の概念だからである。例えば、仏性は因位の概念であって、仏果について仏性という言葉は用いない。一切衆生悉有仏性と因位の衆生についてては用いられるが、一切の仏に仏の因が在るとは言わない。さらにまた、天台では即は具だから、即空即仮即中は、空、仮、中が互具、さらには縁起という意味だ。

ただ一つの法の相に、この三つの意味がある。これを合わせようとすれば、かえって分かれ、これを派（わ）けようとすれば、常に合うのである。一つひとつにあまねく存在するが、同時にどこにも存在しないのである。さらに真覚は続ける。

不同他宗。秖談真如随縁作差別法。差別謂九法界也。不随縁時。則無差別。無差別謂真如一性也。今家則不然。三千之体。随縁起三千之用。不随縁時。三千宛然。故差別法。與体不二。是故一家観門異諸説也。諸説雖異。法常法爾。（『三千有門頌略解』卍続101・334a－b）

他宗は単に真如について「随縁差別をなす」と言っている。差別の九法界をいうのである。随縁しないときは差別がない。真如は一つの本性だと言うのである。わが宗は、そうではない。三千の体は随縁して三千の用を起こす。随縁しないときは、三千はそのまま実相である。だから差別の法は体そのものである。一家の観は諸説とは異なるのである。諸説とは異なるけれども、法は常に法として在っているのだ。

智旭の考えでは、即空即仮即中は三千、つまり覚りの境地を表す概念だから、即空即仮即中とは因位と果位を同時に顕している。止観をする主体にとっては、因位も果位も具の一字を包含している。天台大師智顗は、止観している我が心は因位と果位が未分の状況、すなわち己心では、因位と果位、主観と客観が統合されていると見る。そこのところを押さえて具というと真覚は述べている。さらに続ける。

法の在りようが天台と他宗では要のところで異なり、天台では法は合即非合であり、合具非合とも言えるのだという。彼によれば、他宗は「真如について、随縁差別をなすというのは、随縁（真如が何かの縁に触れる）したときに差別が生じるが、随縁しないときには差別はない。真如は一つの本性だ」としているという。だが、天台では「三千（真如）の体（註1）は随縁して三千（真如）の用（註2）を起こす。随縁しないときは三千（真如）は当然、そのまま実相（真如そのもの）である。だから差別の法（用）はそのまま体である」という。三千具随縁、体具というのが智旭の結論なのである。この説明はこれら天台大師智顗の思想を踏襲したものである。

次に真覚は十界と三千の関係についても論じる。

次第而生次第断。豈知十界来一。三千本一亦如是。皆非世数可分別。（『三千有門頌略解』卍続101・334b）

次第に生じて次第に断ずる。どうして十界が本来一つであることを知らないのだろうか。三千（実相）は本来一つであるのも、このようなことだ。すべて世界の数字は分別することができない。

真覚の解説は、こうだ。

他宗謂真如不守自性。随染浄縁造十法界。故曰。次第生。夫欲成仏。須壊九界。以次第観翻破三惑。方成仏果故。曰次第断。今家不然。以三惑全体是性悪法門。故不須断。又九法界亦全体是性徳。故不須壊。彼不知此。烏知十界本来是一。（『三千有門頌略解』卍続101・334b）

他宗では真如には自性がないという。浄縁の仏果が随縁して十法界を造る。だから「次第に生ずる」と言う。成仏しようとすれば九界を壊さなければならない。次第観は翻って三惑を破する。仏果を成就するためだから次第断という。天台は、そうではない。三惑の全体が性悪法門である。だから断ずる必要がない。そのうえ不変随縁だから、不変の真如が随縁した九界も全体が本性の徳である。だから壊す必要がない。他宗はこのことを知らないのだから、どうして十界が本来一つであるということがわかろうか。

この発想は伝灯の『性善悪論』に影響を与えている。「三惑の全体が性悪法門だから断じなくてもよい」という主張は、天台性悪説の根拠の一つである。三惑の在りようをそのまま肯定するところに天台学の存立基盤はある。ここで「十界は一つである」と言うのは、それぞれの十界に他の九界を互具している構造を意味する。この思想が、伝灯の性善悪説の根拠になっているのだ。

凡夫心具即仏具。取著不円則不具。一一法具。豈独聖人。凡夫秪是仏心中十界之一。仏亦秪是凡夫心中十界之一。（『三千有門頌略解』卍続101・335a）

凡夫の心が具即しているということは、仏も具している。円でないものに著れることは、そのまま具即していないことを意味する。要するに、凡夫心と仏心は互具であるのだ。つまり、仏界の善と九界の悪とが互具している。仏界を含めて、各界に善と悪とが並存しているという。つまり、性に善悪が存在する性善悪なのだ。一つひとつの法に具即しているということは、仏だけでなく凡夫にも具しているということであり、仏法のみならず衆生法にも具足しており、十界互具である。さらに、凡夫は仏心の中にある十界の一つであり、仏もまた凡夫の心の中にある十界の一つである。

この十界互具の思想は『摩訶止観』『法華玄義』の智顗の主張であり、そこから如来性悪説は出てくるし、この思考をさらに進めれば幽渓伝灯の性善悪説が成立していることが理解できる。伝灯が慈雲遵式の『円頓観心十法界図』の解釈で使用した法界の現起と冥伏という在りようが、十法界のどの一法界の在りようをも顕しているからだ。さらに言う。

惟一具字顕今宗。入此宗者甚希有。（『三千有門頌略解』卍続101・335b）

ただ具の一字が天台学を顕らかにしているが、このことを理解して天台に入る者は稀有である。

ここでは、智顗の思想である「具の本当の意味」を理解して天台を真剣に学ぼうとする人がほとんどいないことを嘆いている。次の文章はさらに具体的である。

古師云。只一具字弥顕今宗。故曰。惟一具字顕今宗也。當知。他宗惟談法性。法性之談是今性体、性量。彼闕性具。是故今宗超勝於彼。（『三千有門頌略解』卍続101・335b』）

昔の師（知礼のこと）は言っている。「具」の字のみが天台を顕している。他の宗は、ただ法の本性、つまり、これが性の本体とその量を断ずるということのみを論じて、「性具」について触れていない。だから「性具」を言う天台のほうが他宗に勝っている。

要するに、天台は「性具」を説くから「性具」に触れない他宗よりも勝れているというのが彼の主張である。だが、それぞれの宗派はそれぞれ優れた言葉を持っているから、我田引水と言えなくもない。性具が、天台を他の宗派と弁別する概念である「弁別する意味」はよくわかる。真覚は、続けて『三千有門頌略解』の中で総論としてまとめる。

今家不爾。以知法界具染悪性。体染悪修。故通別惑等一切迷法。當処即是縁了仏性。既皆仏性。豈有仏性更覆仏性。（『三千有門頌略解』卍続１０１・３２８ａ）

天台はそうではない。法界は染悪性を具し、染悪修を体とすることを知っているから、通惑、別惑など一切の迷いの法はここでは直ちに縁了仏性であり、皆仏性であるから、どうして仏性によって仏性を覆い隠す必要があろうか。

難しい論理であるが、要するに天台学では、法界は性悪を具し修悪を体とするから、一切の迷いの法は既に皆仏性であると主張するのだ。言い換えると、仏法界は悪の本性を具し、他の九法界は行動の本体に悪を具していることになる。これが真覚の如来性悪説の構造である。この点が、伝灯の性善悪説とは異なるところである。

■註

1【体】…「本体」のこと。真如そのものの本体である。

2【用】…「働き」のこと。真如は縁に触れて働くのである。

第二節　虎渓懐則の『天台伝仏心印記』

懐則の履歴――

伝灯は、虎渓懐則の『天台伝仏心印記』に註を付けて、『天台伝仏心印記註』という著書を刊行している。懐則の思想を広めて、天台学の普及の一助にしたいと考えたからであろう。懐則の著書を読むと、知礼の影響が大きい。例えば、彼の思想の中心概念である「只一具字弥顕今宗」の句は、知礼の『観音玄義記』からの引用である。

的伝仏祖心印。紹隆大法正統者。惟吾天台一宗耳。第時運下。衰哲人。長往禅宗・華厳之徒。横議于外。異端曲見之士。蔓延於内。正伝心印。遂晦而不明。頼有元初虎渓興教大師者。出深悟円宗。力守祖業(註1)。著書数千言。命為天台伝仏心印記焉。而其為書也。揭性悪之談。點理毒之致。甄即（すえ）離於毫芒。辨円別于隠微。明佗宗異端之似是而非。顕天台円家之独得真伝。可謂巨夜之大明灯也。嘗吾妙立和尚。大中興此道。而深知佗宗異端。為害之

甚。故毎講此書。以授学人。於是此書盛行而註解間出。（『観音玄義記』卍続101・793a）

虎渓が『天台伝仏心印記』を書こうと思い立った当時は、天台は衰微し、禅と華厳が盛んで「横議・異端曲見の士」が蔓延していた。そして正伝心印は「晦而不明」の状態であった。虎渓興教大師出て深く円宗を悟り、数千言を費やして著作し『天台伝仏心印記』と命名した。彼はこの中で「性悪之談」「點理毒之致」について論じ、他宗の異端が「似是而非」なることを批判して、「天台円家之独得真伝」を著したので、巨夜の大灯明と言えよう。ここにおいて、この書は世間に流行したので註解が出された。その一つが伝灯の『天台伝仏心印記註』である。それで懐則を「大中興此道」と称讃する。

伝灯は『天台伝仏心印記註』の中にある「虎渓沙門懐則述」の解説で、次のように述べている。

述者記其所聞。述天台受授之道。謙而不敢称作也。師得法於雲夢允師。為南屏八代之的裔。四明九世之玄孫。嘗撰浄土境観及此記。最為精確。並入大蔵。其氏族等未詳。更俟検討。

（『天台伝仏心印記註』卍続101・797a）

懐則は雲夢允という人から法を受け、四明知礼の九世の玄孫に当たるが、その素性ははっきりしないという。著書には、この他に『浄土境観』があるという。

伝灯や智旭以前の知礼や遵式等の天台系統の学僧は天台学を学び、止観を修行する一方で、浄土に帰依する者が多かった。そのうえ著作もし、臨終には西に向かい念仏を唱える者も多かった。天台僧が念仏三昧を修行したことと関係があるのではないか。

懐則の思想とその影響――

懐則の『天台伝仏心印記』には、伝灯の『天台伝仏心印記註』があり、これから引用して懐則の思想を論ずる。この節で重要な概念は、即が具・縁起の意味を持つことを理解するのと、十法界の修性の善悪の顕（現起）と隠（冥伏）、さらにはその状況で善悪が同時に存在していることを伝灯が述べていることだ。これは、彼の性善悪説を構成する論理の紹介でもある。

さて、伝灯の註である。

天台仏心之旨其義云何。仏雖無心而無不心。乃以三智為心也。須知。今家言仏心者。非兔角（けい、はるか）指真心為仏心。乃指現前介爾一念妄心當体。即是仏心。以一念具足百界千如。即空仮中故。又復応知。今家云直指妄心。是仏心者。乃仏界之真。通説九界為妄別而言之。応云直指地獄心是仏心乃至天心是仏心。声聞心是仏心乃至菩薩心是仏心。……云一切心是仏心。（『天台伝仏心印記註』卍続１０１・７９６ｂ）

天台の仏心の主旨の意味はどのようなものですか。仏は無心だというが、不心ではない。すなわち法身、般若、解脱の三智が仏心である。天台で仏心というのは、遥かに遠い真心のことを仏心としているのではなく、現前の微かな一念の妄心を当体とし、そのまま仏心とすることを知らねばならない。一念に真如を具足するから、空仮中と相即するのだ。また天台では、観心は直ちに妄心を指していることを知るべきである。この仏心とは、仏界の真如のことである。通説では九界を妄と為して弁別して言うが、天台では直ちに地獄心は仏心であり、……天心は仏心、声聞心は仏心であり、……菩薩心は仏心というのだ。……一切心は仏心なのである。

ここで伝灯は、天台では仏心とは遥か彼方の真心を仏心とするのではなく、現前のかりそめの心の当体が仏心であり、一切心が仏心なのだと述べている。伝灯は言う。

蓋修悪即是性悪。性悪融通無法不趣。任運摂得仏界性善故也。……以妙玄云仏法太高衆生太広。初心為難。心仏及衆生是三無差別。観心則易。今順妙玄去難就易故。以心印為題。三無差別故。（『天台伝仏心印記註』卍続101・796b）

思うに修悪即性悪である。性悪は融通無碍で、法として趣かないところはない。天台では、即は具であり修悪は性悪を具しているから、法として自在に行き渡り、無碍に仏界の性善を得るのだ（先で、一切法は仏法だと言っているからだ）。『法華玄義』に「仏法は甚だ高度な内容で、衆生法の範囲は広いから初心者が観察するのは難しい」。だが心法、仏法、衆生法には異なりがないから、心法を観察するのが易しい。今は『法華玄義』の教えにしたがって、難を捨てて易を取るから、心印を表題とするのだ。心法、仏法、衆生法の三法に異なりがないからだ。

ここでは、観心の対象を心法にした理由を述べているが、天台では常識である。

或曰。止観明所観之境。既有陰入界三。何得只以現前一念識心。為所観耶。故釈之云必先

内心也。蓋陰入界三多是生法。生法太広。初心為難。三無差別。観心則易故。（『天台伝仏心印記註』卍続101・800a）

止観の境には陰、入、界の三が在るのに、どうして惟一、現前一念心を観察の対象にするのか。観心が易しいからだ。

最為易観即衆生日用根塵相対一念心也。（『天台伝仏心印記註』卍続101・800a）

最も容易なのは衆生が日頃起こす一念心だ。

〈懐則の文〉

方顕九界修悪當体即是性悪法門。性悪融通無法不趣。任運摂得仏界性善。修悪既即性悪。修悪無所破。性悪無所顕是為全悪是悪即義方成。（『天台伝仏心印記註』卍続101・801a）

まさに、九界修悪の当体は即性悪法門であることを顕らかにしている。性悪は融通無碍で、どこへでも自由に趣くことができ、自由自在に仏界の性善を得て、修悪は即性悪であるから、修悪は破られることはない。性悪は顕らかにされないから、悪に徹すれば、それは悪だから即の意味は成り立つのだ。

この段落の記述はややこしいが、修悪即性悪は、悪に徹すれば即つまり具は成り立つから、性悪と修悪は互具の関係に在るのだと言っている。つまり、性悪には修悪が存在し、修悪には性悪が存在しているのだと懐則は考えているのだ。

〈伝灯の註〉

性悪即止観所成円妙三諦也。言修悪是性悪法門者。此九界三道修悪元是全性悪三徳而起修従性起。則全修在性。修既在性。……豈非修悪當体即是性悪之法門乎。或曰。天台明性既曰有二。今修悪雖即性悪。奈性善乎。故答云性悪融通無法不趣等也。（『天台伝仏心印記註』卍続101・801a）

性悪と、止観によって成就された円妙の空仮中の三諦とは、互具の関係にある。修悪は性悪法門だと言うのは、この九界の修悪は元来、性悪を尽くした仏の三徳であり、修を起こすには性に従えば起こるからである。つまり、修を尽くせば性が在るのだ。……どうして修悪の当体が即（具・修悪の体が性悪の法門を具していないのですか。具しているのでしょう）性悪の法門ではないのですか。性悪の法門でしょう。ある人は、天台は性の意味が二つあると既に言っています。今は、修悪は即性悪である（修悪に性悪を具している）と言うけれども、どうして性善なのですか。性悪は融通無碍だから、法の行き渡らないところなどないと言っているのです。

ここで伝灯は、性悪は修悪を具し（両者は縁起である。関わることで互いに存在できている）、さらにまた性善をも具しているから、先のことが可能になると述べているのだ。

〈懐則の文〉

是則今家明即永異諸師。以非二物相合。亦非背面相翻。直須當体全是方名為即。何須断除煩悩生死。方顕仏界菩提涅槃耶。（『天台伝仏心印記註』卍続101・801a－b）

だから、天台で明かす即の意味は、諸宗の師が考えている意味とは異なっている。天台の即の意味は、二つのものが互いに合でもなく、さらにまた非合でもなく、直ちにそのままの在りようを肯定するという意味の即なのです（ここでは即が無自性・縁起であるから、このような論理が成り立つ。即は具の意味だと言っている。即が文字通り即の意味なら、矛盾するからだ）。どうして煩悩生死を断除して、まさしく仏界菩提涅槃を顕さんや。そうではない。煩悩即菩提、生死即涅槃なのです。

懐則の即の意味は、煩悩即菩提の即である。つまり、彼は縁起の意味で即を理解していることになる。

〈伝灯の註〉

他之明義有曰修可破而性可顕者。蓋昧夫修即性而性即修。定有能覆之悪故也。今修悪既即性悪。故無破顕。以無破顕。故是為全悪是悪而即義方成也。惟以是為即是故。今家永異諸師明即如二物相合背面相翻矣。（『天台伝仏心印記註』卍続101・801b）

修即性、性即修、だから必ず仏が悪を行うことができるのだ。（ここは要点のみとし、他の部分の訳は省略）

ここの即も具の意味で使われている。その他の文章はこのことの説明であるから、解説も省略する。

〈懐則の文〉

諸法是同体。権中善悪縁了実相是同体。実中善悪正因。九界十如即悪縁因。仏界十如即善縁因。（『天台伝仏心印記註』卍続101・802b）

もろもろの法は同体である。権中の悪は実相と同体である。実中の善悪の正因は九界の十如即悪縁因であり、仏界の十如即善縁因である。

ここでは、すべての法は同体であり、権中の（九界の）善悪は実相（仏界の真如と同体だと述べている。後の文は、その具体的な説明だ。

〈伝灯の註〉

法華諸法実相。不出権実。権実不出十界。有横竪二輪。一往竪論則仏界為実。九界為権。互具言之。九界中互具仏果為実。仏界中互具九界為権。（『天台伝仏心印記註』卍続101・802b）

『法華経』で説いている諸法実相には、権と実がある。十界にも権と実がある。一往言えば、仏界は実で、九界は権だ。互具という点で言えば九界は、仏界の実と互具で、仏界は九界の権と互具である。

智顗が『法華玄義』で十界互具を説いているから当然だ。ここは、すぐ前の懐則の文章を解説したものである。

〈懐則の文〉

涅槃経中。闡提善人二人倶有性善性悪。（『天台伝仏心印記註』卍続101・803b）

『涅槃経』の中で、闡提と善人（仏）には、倶に性善と性悪がある。

〈伝灯の註〉

蓋仏断修染修悪尽。修浄修善満足故。此修染修悪仏性仏善根人無也。……蓋闡提人断修浄修善尽。修染修悪満足故。此仏性闡提人無也。三二両句言性善性悪正因仏性也。蓋仏雖仏雖断修染修悪尽。而性染性悪不断。闡提雖断修浄修善尽。而性浄性善不断。惟仏不断性染性悪故。至果地於悪自在。広用性悪法門。化度衆生。闡提不断性浄性善。後時還起修浄修善。対治修染修悪故。涅槃後分言闡提成仏。（『天台伝仏心印記註』卍続101・803b―804a）

思うに、仏は煩悩の行いや悪い行いを断じ尽くして、清らかな行為と善い行いに満ちているから、これらの悪い行為などは仏性や仏善根の人にはない。……思うに、闡提は清らかな行為や善い行いを断じ尽くして、煩悩の行為と悪い行いに満ち満ちている。この仏性は闡提にはない。性善性悪は正因仏性だ。思うに、仏は仏であるといえども、煩悩の行為と悪い行いを断じ尽くすといえども、しかし性の煩悩や性の悪は退けない。闡提は、清らかな行為や善い行いはことごとく退けてしまい、清らかな性や善い性はそのままである。ただ、仏は性の煩悩や性の悪はそのまま残っているから、仏果に到れば悪では自在であるから、広い範囲にわたって性悪法門を用いて衆生を済度する。闡提は、清らかな性や善異性は、そのまま残っているから、後になってから清らかな行為や善い行いを還って起こすのだ。煩悩の行為や悪い行いをなくすから、涅槃の後で闡提成仏を言うのだ。

ここでは、知礼の天台性悪説についての説明をしている。仏が悪に自在であるのは性悪の故で、仏が善だと言われているのは修善だからで、他方、闡提が悪だと見られているのは修悪の故で、闡提成仏は性善だからだと解説している。これは、あくまで知礼の天台性悪説（懐則も同様な思想の持ち主）を紹介しているのであって、伝灯自身の考えとは異なるということは、既に「幽渓伝灯の思想」のところなどで論じた。

〈懐則の文〉

如此三千現前一念修悪之心。本来具足。（『天台伝仏心印記註』卍続101・806a）

このように、三千（真如）は、現前一念の悪心を本来、具足している。

これは智顗の一念三千の説明で、懐則は一念心と三千は互具であると考えているのだ。

〈伝灯の註〉

一念修悪具足三千者。但約根塵相対一念心起必属一界。界互具成百界三千。（『天台伝仏心印記註』卍続101・806a）

一念修悪心に三千（真如）具足しているとは、ただ根（主観）と塵（客観）とによって一念心が起これば、必ず十界の中のいずれかの界に属す。その界と三千（真如）が互具しているのだ。

懐則は「三千現前一念修悪之心。本来具足」と述べているが、伝灯は「一念修悪具足三千」と言い換えている。両者の意味に変わりはないが、伝灯の表現のほうが字数が少なくてわかりやすい。

〈懐則の文〉

非造作而成。非相生而然。非相合而然。一念不在前三千不在後。一念不少三千不多。（『天台伝仏心印記註』卍続101・806a）

造作にあらずして成る。相は生じなくて然り、相は合わずして然り（然りとは、そのようになるという意）。一念は前に存在せず、三千は後に存在しない。一念は少なからず、三千は多からず。

〈伝灯の註〉

是無作妙境故。非造作法。法本具故。非相生。相相宛然故。非相含。三千即一念故。一念不在前。一念即三千故。三千不在後。一念具三千故。一念不少。三千在一念故。三千不多。

（『天台伝仏心印記註』卍続101・806a－b）

これは（懐則の文の意味は）無作の妙境であるから、造作の法ではない。法は本来、具であるから相を生じない。相相は宛然であるから相を含まず。三千即一念だから、一念は前になく、一念即三千の故、三千は後にもあらず。一念は三千を具するから、一念は少なくない。三千は一念に在るから三千は多くない。

〈懐則の文〉

迷情須破故用即空即仮即中。達此一念修悪之心即是三千妙境。（『天台伝仏心印記註』卍続101・807b）

迷情を破するから即空即仮即中によってこの一念修悪の心はそのまま即三千の妙境に達するのだ。

〈懐則の文〉

修悪既即性悪。是理具三千。而此修悪便是妙事三千。（『天台伝仏心印記註』卍続101・807b）

修悪と性悪が互具であるという道理は、理具三千ということだ。理具三千というのは、端的に言えば凡夫が真如を具している。凡夫具真如である。さらに、この修悪は三千を具しており、これこそ妙（絶待）だ。

懐則は「修悪と性悪は互具、縁起だ。凡夫と真如も縁起だ。修悪は真如だから天台の性悪説は絶対的に優れているのだ」と言っている。

〈伝灯の註〉

若修悪定是悪則善妙而悪。麁定須翻破。今修悪既即性悪。是則修悪是理具三千即法身般若解脱三徳。秘蔵當体円成而此修悪。豈不便是妙事三千。故大師明衆生理即仏。（『天台伝仏心印記註』卍続101・807b）

もし修悪が必ず悪であれば、あらゆる妙は悪であり、この麁なるものは必ず打ち砕かなければならない。今、既に修悪は即性悪であるから（修悪は性悪を具しているから）、修悪は理具三千即法身、般若、解脱の仏の三徳であり、この秘蔵の当体は円満に成就していて、しかもこの修悪である。どうしてこの妙であることが三千でないことがあろうか。だから天台大師は、衆生は理即の仏であると明かした。

伝灯はここで「一、修悪は性悪を具している。二、修悪は理具三千であり仏の三徳を具している。三、衆生は理即で仏と互具である」と言っているのだ。

〈懐則の文〉
諸仏不断性悪。闡提不断性善。點此一意。衆滞自消。（『天台伝仏心印記註』卍続101・808b）
諸仏は性悪を断じないし、闡提は性善を断じない。以下略す。

〈伝灯の註〉
點此一意者。三千皆実相。相宛然。不属所破。寧非非所顕也。惟其三千皆実相。相宛然。在事用三千。則惟仏与仏究尽諸法実相。而九界性悪何嘗断在理具三千。則一切衆生、本来、即仏而仏界性善何嘗断。（『天台伝仏心印記註』卍続101・808b）
この一つの意味を調べれば、三千（真如）は、皆、実相である。その相は宛然としており、打ち砕くべきものではない。むしろ顕すべきものだ。ただ、その三千は皆、実相で、その相は宛然としている。事にあっては、三千を用いれば、ただ仏と仏のみが諸法の実相を究め尽くすことができ、そして九界の性悪はかつて、どうして理に在って三千を具しているのだろうか。一切衆生は本来、仏を具し、そして仏界の性善はかつて、どうして断じようか。断ずることはできないのだ。

ここで伝灯は次のように述べている。

一、三千は真如だから、皆、実相だ。

二、諸法実相を究めることができるのは仏のみである。

三、衆生は理即で十界は互具しているから、本来、仏を具している。

〈懐則の文〉

問曰。闡提與仏断何等善悪。答。闡提断修善尽。修悪満足。諸仏断修悪尽修善満足。（『天台伝仏心印記註』卍続101・808b）

問う。闡提と仏は、どのような善悪を断ずるのですか。答える。闡提は修善（善い行為）を断じ尽くすので、修悪（悪い行為）に満ちている。諸仏は修悪（悪い行為）を断じ尽くすので、修善（善い行為）に満ちている。

〈伝灯の註〉

明修善悪妙。不属所破。（『天台伝仏心印記註』卍続101・808b）

修の善悪は妙だから、破壊されるようなことはない。

〈懐則の文〉

問。修善修悪既是妙事乃属所顕。何名所破。答。修善悪即性善悪。無修善悪可論斯是断義故。諸仏断修悪尽。闡提断修善尽。修善悪既即性善悪修善悪。何嘗断斯不断義。断与不断妙在其中。（『天台伝仏心印記註』卍続101・808b－809a）

問う。修善修悪は既に妙事であり、所顕（顕される）に属す。何で所破と言わないのですか。

答える。修善悪は即（具）性善悪である。修善悪が無ければ、これは断の意味だと論ずるべきだが、諸仏は修悪を断じ尽くし、闡提は修善を断じ尽くす。修善悪は既に即（具）性善悪修善悪だから、どうして断はそれ、不断の意味なのか。断と不断とは、妙がその中に在るからである。つまり、修善悪と性善悪・修善悪は、具、つまり縁起だから、一方が存在すれば他方も存在し、一方が存在しなければ他方も無いから、この論理が成立するのだ。

〈伝灯の註〉

答中全要緊処。在修善悪即性善悪。無修善悪。可論斯是断義。蓋若有修善悪。可論便是不知即義。……便不是断義。惟其了知修善悪既即性善悪。修善悪。何嘗断即不断而為之断。是故妙在其中。（『天台伝仏心印記註』卍続101・809a）

答えの中はすべて重要なところであるが、修善悪が在れば、即（具）性善悪である。修善悪が無ければ、その意味は断であると言うべきだ。思うに、もし修善悪あれば、即（具）の意味を知らないと言ってよい。……すなわち、これは不断の意味である。ただ、修善悪こそ即（具）性善悪と了解すれば、修善悪である。どうして断こそ即（具）不断で、しかも断とするのか。この理由は、妙がその中に在るからである。

ここでは断と不断という言葉が、悪い意味、誤りの意味に使われている。正しい意味では、即（具・縁起）が用いられている。修善悪即性善悪の即の意味を知ることが重要なのだ。

〈懐則の文〉

問闡提不断性善。修善得起諸仏不断性悪。還起修悪否。答。闡提不達性善為善所染故。修

善得起広治諸悪。諸仏能達於悪故。於悪自在悪不復起。広用諸悪化度衆生。妙用無染名悪法門。雖無染碍之相而有性具之相。（『天台伝仏心印記註』卍続101・809a）

問う。闡提は性善を断じない。修善を諸仏は得て性悪を断じない。還って衆悪を起こすや否や。答える。闡提は性善に達しないから、その善を染せられるから、修善は広く（衆生法は広いから）さまざまな悪を治めることができる。諸仏は悪に達することができるから、悪にとらわれず、自在だから悪を起こさず、広くもろもろの悪を用いて衆生を済度する。妙の働きには染がないから悪法門という。染の相は無碍であるといえども性具の相はある。

〈伝灯の註〉

諸仏與衆生。真如妙性之中本然具足百界千如。猶如君子不器。善悪皆能謂之不変随縁随縁不変故。華厳云。能随染浄縁。遂分十法界。當其衆生迷而随染縁造九界時。則仏隠而九顕。染用當情而妙用不彰。雖曰不彰而仏性堂堂未嘗不顕。但衆生自迷。當面錯過耳。諸仏悟而随浄縁。造仏界時則仏顕而九隠。雖曰九隠。而九界体性既同究竟則舎用。自在方其舎之則蔵故。仏顕而九隠。若其用之則行。則十界而同彰故。（『天台伝仏心印記註』卍続101・809a－b）

諸仏と衆生とは、真如の妙なる性の中に、本来的に自ずと三千を具足している。君子が広く自由であるように、善悪は皆、不変随縁、随縁不変と言うことができるから。『華厳経』に述べている。染浄の縁に随って、十の法界に分かつことができる。その衆生が迷って、染縁に随って九界を造るとき、仏は隠れて九界が顕れるのだ（ここでは、仏界の隠・冥伏と九界の顕・現起について言っている。具の意味をより深く解釈しているのだ）。つまり、染の働きは情に当たるから、妙の働きは彰われない。妙の働きは彰われないけれども、仏性は堂堂としていまだかつて顕れなかったことはない。ただ、衆生は自ら迷い、当分の間（永遠ではないということ）、倒錯過誤しているだけだ。諸仏は悟っているから、浄縁に随って仏界を造るとき、仏が顕（現起）れて、九界が隠（冥伏）れるのだ。九界は隠れるといえども、しかし、九界の体と性は既に究まり尽くされて、要は捨てて、それを捨てることによって自在となり、まさしくそれを捨てるということは保つからである。仏は顕れて九界は隠れる。もしこれを働かせて行えば、十界は同時に彰われるのだ。

ここでは、十法界の中で仏法界が顕れれば九法界は隠れるが、九界の体と性は無くなるのではなく存在しているのである。つまり、修は隠顕すれども、性と体は存在しているのだ。伝灯は隠（冥伏）と顕（現起）に触れ、さらに性体はその際にも存在しているというのだ。

これは、仏界の善（修）が顕れて、九界の悪（修）が隠れても、性の善悪は存在しているということを述べている。ここで初めて、伝灯の性善悪説の構造が説かれているのだ。この説明のために、先の懐則の本文と伝灯の註は用いられたのだ。

〈懐則の文〉

只一具字。弥顕今宗。以性具善。他師亦知。具悪縁了。他皆莫測。（『天台伝仏心印記註』卍続101・934a）

「具」の字が天台の眼目であり、その功績は他宗が言わない「性悪」にある。

〈伝灯の註〉

此之六句共二十四字語。本出四明尊者。観音玄義記中。玄義乃天台大師。釈法華経（『天台伝仏心印記註』卍続101・797b）

さらに「只……測」の語は、知礼の著作『観音玄義記』から懐則が引用したものであると伝灯は指摘する。「具」が天台の主要概念だと見抜いたのは、四明知礼その人である。天台では性に悪を具すると説くが、その中で、性に善を具することは他の宗派の学者も理解できるが、性に悪を具するという点は思いも及ばない。

〈伝灯の註〉

只一具字弥顕今宗。以性具善他師亦知。具悪縁了。他皆莫測。而我虎渓大師深悟此宗伝佩（はい、みにつける）心印。欲以此道転以悟入。……以為心印之体。而曰。只一具字弥顕今宗等。可謂善乎記述者也。今宗者。天台円宗(註2)**也。**（『天台伝仏心印記註』卍続101・797b-798a）

「只一具字弥顕今宗。以性具善他師亦知。具悪縁了。他皆莫測」の文章は、天台の虎渓大師が天台の宗旨を深く悟り、心印を伝承して天台学に転入して悟りたいと願ったからである。……心印を体とする。しかして言う。只一具字こそまさしく天台を顕すなどと記述するものは素晴らしいと言うべきだ。今宗とは天台円宗である。

伝灯は、懐則が「具」が天台を象徴する言葉だと紹介したが、このことから、彼が天台の宗旨を深く極めていたことがわかると言い、「具」の一字が天台を象徴すると記述した知礼もまた素晴らしいと評価する。

〈懐則の文〉

是知今家性具之功。功在性悪。若無性悪。必須破九界修悪。顕仏界性善。是為縁理断九非今所論。（『天台伝仏心印記註』卍続101・798b）

知礼が唱えた天台の性具思想の功績は、性悪説にある。もしこの性悪説が無ければ、必ずや九界の修悪を退けて、仏界の性善を顕示することになる。さすれば、これを因縁の理（縁起の理）となして九界を除けることになり、天台の論理に背く。

ここで懐則は、天台の性具思想を広めた功績は性悪説に在るとして、仏界の性悪を説かねば縁起の道理に背くとした。

〈伝灯の註〉

他宗既莫測具悪縁了故。雖知具善不得称円。反顕今家性具之功。功在性悪故。得云只一具字彌顕今家也。夫何故。以若無性悪必須破九界修悪顕仏界性善。不足以称円矣。是以今家所明性具三因善悪正因是一性善悪縁了属二修。（『天台伝仏心印記註』卍続101・798b）

他宗では、仏の性に悪を具することは想像もつかないから、仏の性には善を具することを知るけれども円教と言うことはできない。それに反して、天台では性具を教義とする功績を顕せる。功績が性悪説に在るからだ。だから、只一具の字が天台の特色をよりよく顕しているのだ。それは何故か。もし性悪説が無ければ、必ず九界の修悪を斥けてから仏界の性善を顕示することになる（つまり、天台は仏の性具を言うが、他宗は言わないから、こうなるのだ）。だから、円教と言うことができない。このようであるから、天台では仏の性に三因や善悪を具して、一つの仏の性に善悪が在り、その一性に善悪二修を所属させることを明らかにすることができるのだ。

未入経文。先立五重玄義。以釈品題。用十義（註3）**。以通其意。……大師設問。云縁了既有性徳善。亦有性徳悪。否。自答云。具此一具字。乃吾大師掀翻如来蔵海。湧出摩尼宝珠。得之者不惟喜雨宝穰穰。亦以見体円瑩徹。故法智大師（四明知礼のこと）。一見乎此。即称揚讃美。対衆宣弘。而曰只一具字。弥顕今宗。以性具善。他師亦知。具悪縁了。他皆莫測。而我虎渓大師。深悟此宗。**（『天台伝仏心印記註』卍続101・797b）

長く引用したが、伝灯は、智顗も性善性悪がこの具の一字に具していること、さらに具の一字は、その体を見れば円瑩に徹すると言い、知礼は、この具が天台教学を象徴していると考えており、虎渓はこの具を知って天台を深く悟ることになった。

このように、天台学の「具」の系譜は、智顗の『摩訶止観』『法華玄義』『観音玄義』から知礼の『観音玄義記』へ、知礼から懐則の『天台伝仏心印記』へ、そして懐則から伝灯へと受け継がれていくというのが、伝灯の見解である。

だが、伝灯の『性善悪論』には、「具」の具体的な検証のため慈雲遵式の『円頓観心十法界図』が新たに追加されている。これは、遵式以後の他の学者、懐則や真覚の著作に述べられており、伝灯の『性善悪論』と『天台伝仏心印記註』にはそのように記述されている。

以上、伝灯の著作『天台伝仏心印記註』の中で述べられている「懐則の文」と「伝灯の註」を検討してきた。懐則の性悪思想は、知礼のそれと変わるところはない。よって、彼が知礼の性悪説の忠実な継承者であることが理解できた。だが、それならば知礼の『観音玄義記』を紹介すれば十分ではないかとの批判も出ようが、一考してみると、伝灯はおそらく前後の違いはあっても、知礼の『観音玄義記』に触れたことがあって性悪説に接近した経験を持っていたに相違ない。伝灯は、懐則のこの書に出会うことによって、知礼の言葉「只一具字。弥顕今宗」の持つ重要な意味に気付いたことだろう。

具という言葉の含有する多様性を知る契機となったのは、おそらく懐則の『天台伝仏心印記』であったと私は考える。伝灯が懐則のこの書に、ことさら註まで付けたのは、彼自身の性善悪説にとって具という言葉が果たした役割の重要性を思うと、彼がこの書を重視したのもうなずけるのだ。その根拠となったのは、性と修が善と悪に関わっている多様性に触れたことである。懐則の性悪説と伝灯の性善悪説の違いを考えれば、懐則の本文と伝灯の註とに微妙な相違が見られるのだ。

例えば、十法界の修の顕（現起）と隠（冥伏）が同時に起こり、その際、同時に性が存在すると伝灯は説く。すなわち仏界の善が顕れて、同時に九界の悪が隠（冥伏）れ、しかも十界の善悪は存在するのだ。これは、彼の性善悪説の構造を説明しているのである。ここでは、伝灯の最も重要な思想が説かれている。これだけでも、懐則の『天台伝仏心印記』に伝灯が註を付けた意義は十分ある。

そのことは、先の私の解説を読み直していただけば納得がいくはずである。この『天台伝仏心印記』が、伝灯の性善悪説を発想する契機になったことは間違いない。

■註

1【力守祖業】…開祖智顗から伝わる伝統の教義を努力して守り抜くこと。

2【天台円宗】…天台学者は自宗のことを法華円教を所依の経典とするので円宗と呼ぶ。

3【十義】…一人法、二慈悲、三福慧、四真応、五薬珠、六冥顕、七権実、八本迹、九縁了、十智断のこと。

第三節　慈雲遵式の『円頓観心十法界図』と伝灯の『真如随縁十界差別之図』

遵式の履歴――

伝灯は、世人に天台の性具、性即の正しい理解を促すため『性善悪論』を著述した。その具体的な説明のために、『性善悪論』の第一巻で、まず、天台が説く性とは何か、どのような在りようをしているのかを記した。その最重要な一句がある。

只一具字。弥顕今宗。（『観音玄義記』）

これは、四明知礼の『観音玄義記』に記載されている。伝灯は、それをさらに論理的に詳細に説明するために、慈雲遵式の『円頓観心十法界図』に触れた。

さて、慈雲遵式とはどのような人か。

慈雲遵式の姓は葉、字は知白で寧海の人。東掖山禅林寺の天台僧義全について出家したが、法雲義通の講席に侍り天台の教義の奥義を得たので、義通門下の四明知礼と兄弟弟子になった。『新続高僧伝』の記述によれば、こうなる。

釈遵式字知白。姓葉氏。寧海人。投天台東掖山義全。出家納戒於禅林寺。習律於守。初師郡校諸生。要其還初服。式答以偈曰。真空是選場。大覚為官位。因詣普賢像前。然指自誓。習天台教法。趨宝雲義通師講席。蓋得台宗秘奥。遂然頂。誓行四禅三昧。後染疾危甚。入霊墟仏室。持咒伏消。夢感神覚。其疾乃愈於是澄心澈慮。著観音礼懺文。復撰誓生西方記念仏三昧。十四大願文。大中祥符。四年昭慶。斉一律師。啓請至寺。宜講四部兼弘律儀。学者嚮慕。如水赴壑。沛然莫禦杭之風俗。以酒肴会葬式。諭以勝縁其俗。皆化易為蔬果。因著戒酒肉。慈悲法門以正其事至今。猶則效之。……老撰天竺高僧伝。補智者大師。三昧行法説。著金光明経懺法三昧儀。名徹上聞召。賜紫衣。乾興元年。賜号慈雲大師。明道壬申歳入寂。葬

寺東月桂峰。下所著詩文金園集。霊苑集。釈元。復賛曰。台嶺一宗興於法智師。出宝雲金是玉季。示無生忍。住不退地。徽（しるし）称累族。終古不墜。其慈雲集中。有酬伉（たぐい、ならぶ）上人詩云塵外清開極。誰能更似君。（『新続高僧伝四集（高僧伝合集）』〈巻三〉792c）

この記述によると、四禅三昧を行ずることを誓うとか、観音礼懺文を著すとか、撰んで西方に生ずることを誓い、智者大師の三昧行法説を補けて『金光明経懺法三昧儀』を著わすとある。遵式には三昧を重視して実践し、その一方で西方願生思想があったことがわかる。したがって、伝灯への思想的影響を検証する際には、遵式の著作を読む必要があり、『円頓観心十法界図』の他に『誓生西方記念仏三昧』がある。『円頓観心十法界図』は『性善悪論』を論ずる際に引用し、遵式の影響ということで記述する。

遵式はその宗教活動を皇帝に評価されて、紫衣と慈雲大師の称号を賜り、明道壬申の年（1032）に入寂した。

さて、慈雲遵式の教義上の師は義寂の孫弟子で、直接の師は義通である。義通のもう一人の弟子には四明知礼がいる。知礼は、かの有名な山家・山外の「趙宋天台論争」の山家派の立役者である。後世知礼の流派は天台教学の正統とみなされ、その流れを支配することになる。遵式は知礼の兄弟弟子だから、その思想は山家派の提唱する妄心観に立つ。だが、彼の『円頓観心十法界図』の序文「応観法界性、一切唯心造」を見ると、華厳が説く「一切法は唯心の作」に近い。

遵式の思想――

慈雲遵式には天台学関係と浄土教関係の著作が残されており、天台学のものは伝灯の思想形成に関わっているが、浄土に関係するものが伝灯の『浄土生無生論』と関係しているかどうかは不明である。

この項では、『性善悪論』を論じているので、天台学の『円頓観心十法界図』を取り上げる。この図は、わずかに一枚で文章も長くはないが、伝灯の性善悪説を構成する骨格となった、具と、その具体的裏付けとなる現起と冥伏の理論の形成に大きく貢献した。その点について、伝灯の解釈に基づいて論じたい。もし、遵式の『円頓観心十法界図』(註1)に出会わなかったら、伝灯の性善悪説の構成は難渋したか、あるいは存在しなかったに違いない。

伝灯が『性善悪論』を執筆するにあたって最も苦心したのは、彼の持論である「仏の一性に善悪を同時に具足していること」をいかにして立証するかということであった。彼はおそらく、慈雲遵式の『円頓観心十法界図』の唯一枚しかない図を注視しているとき、仏界の現起と冥伏に気付いたのであろう。

慈雲遵式の一枚の図は、十界のすべての存在が描かれている。だが、この図をさらに詳細に具体的に個別の法界ごとに一枚ずつ描き足してみると、各法界に現起しているその法界と、現起していない他の九法界のイメージが構成できる。この隠れている九法界を、伝灯は冥伏と名付けた。この現起している一法界も、冥伏している九法界も、実はともに、しかも同時に存在しているのである。善の仏法界と、悪の九法界が、個々の、いずれの法界にも同時に存在しているのだ。つまり、一性には善悪を常に、しかも同時に具しているというわけである。この発見によって伝灯は、「具」の概念をどのように説明すれば読者に正しく理解してもらえるかという課題も、同時に解決できたのである。

智顗以降、湛然、知礼と優れた先輩学者たちが「具」の解釈を施しているが、湛然の多少の曖昧さを持つ「具」の概念の解釈をめぐり、趙宋時代には山家、山外の長期にわたる大論争を招来した。この論争に終止符を打ったのは知礼の解釈であった。だが伝灯は、知礼の「具」の解釈もまた、いまだ抽象的で正鵠を射ていないと考えた。そこで彼は、遵式の『円頓観心十法界図』を利用して具が現起と冥伏の在りようだと説明することにより、平易に「具」の概念を説明できるとして、『性善悪論』の第一巻の多くのページを割いて引用したのだ。

さて、この慈雲遵式の『円頓観心十法界図』に述べられている図と解説は、よほど重要なものだと伝灯は理解したらしく、遵式の著述の原文にほとんど手を加えることなく、大部分を自著『性善悪論』に引用している。私も伝灯の意図をくんで、この図に対する伝灯の解釈を詳細に紹介し、彼の論理構成の道筋を検証したい。この図を見れば、天台の「具」がいかなるものであるかを容易に理解できるはずである。その証拠を示すため、遵式の原文と伝灯の文章及び解釈の一部を本文と脚註に載せた。ここの遵式の文章は、『性善悪論』の第一巻に登場している。

さて、遵式の図は一枚のみの引用であるが、伝灯はそれを発展増加させて十一枚にし、それぞれについて解釈を施している。その付け加えられた十一枚の図と彼の解釈を読むと伝灯の意図と、遵式からの影響の大きさを見て取ることができる。そこで、これから、二人の著作に依拠して図と文章を比較対照していきたい。伝灯が描いた図は全部で十二枚ある。その最初の一枚について触れる。

遵式の『円頓観心十法界図』（卍続101・270）と伝灯の『真如随縁十界差別之図』（卍

続１０１・８４９）の図は、いずれも十界の人物像がすべて描かれており、全く同じものである。伝灯が遵式の図をそのまま引用したものと思われる。伝灯自身が、「一仏法界者。慈雲大師法界図説云」（『性善悪論』卍続１０１・８５１ａ）と言って、遵式の『円頓観心十法界図』に何ら手を加えることなく引用したと表明している。

だが、遵式の図は十法界のすべての人物が登場する一枚のみで、伝灯のその他の十一枚の図は彼自身の創作である。では何故、伝灯は遵式にはない十一枚を付け加えたのであろうか。理由は明白である。彼の『真如随縁十界差別之図』の記述について、読者が容易に理解できるよう、この十一枚を加えたのである。同時に、十界互具の在りようと現起と冥伏によって、一界に善の仏法界と悪の九法界が同時に存在しているという法界の在りようを説明できるのだ。さらに、性に同時に善悪を具すことを表明することも可能である。文章で読むよりも、図を見るほうが遥かにイメージが作りやすいという利点もある。

また、遵式の『円頓観心十法界図』と伝灯の『真如随縁十界差別之図』とのタイトル名が微妙に異なっているのも、伝灯の特別な意図を感じる。伝灯が変化させた部分は、彼が強調したい箇所である。元来、慈雲遵式の図は天台の摩訶止観を実践するためのものであり、法華円教と円頓止観の在りようを説明するために利用したかったのだが、伝灯はこのような慈

真如随縁十界差別之図（卍続蔵経〈101巻〉より）

雲遵式の本来の意図にはなかった「真如（不変）随縁の故に十界の差別が生ずること」を主張しているのである。その一方で、真如が随縁して十法界が生ずるということは、随縁によって生じた十法界が不変の真如に帰一することも予想している。この関係を伝灯は、遵式の『円頓観心十法界図』を解説する箇所では、現起と冥伏という彼自身の言葉で表現している。縁起の法で存在している不変随縁と随縁不変は、自性が無く、お互いに関わり合うことによって存在し、現起と冥伏も、その関係によって存在しているから、法の世

真如不変十界冥伏之図

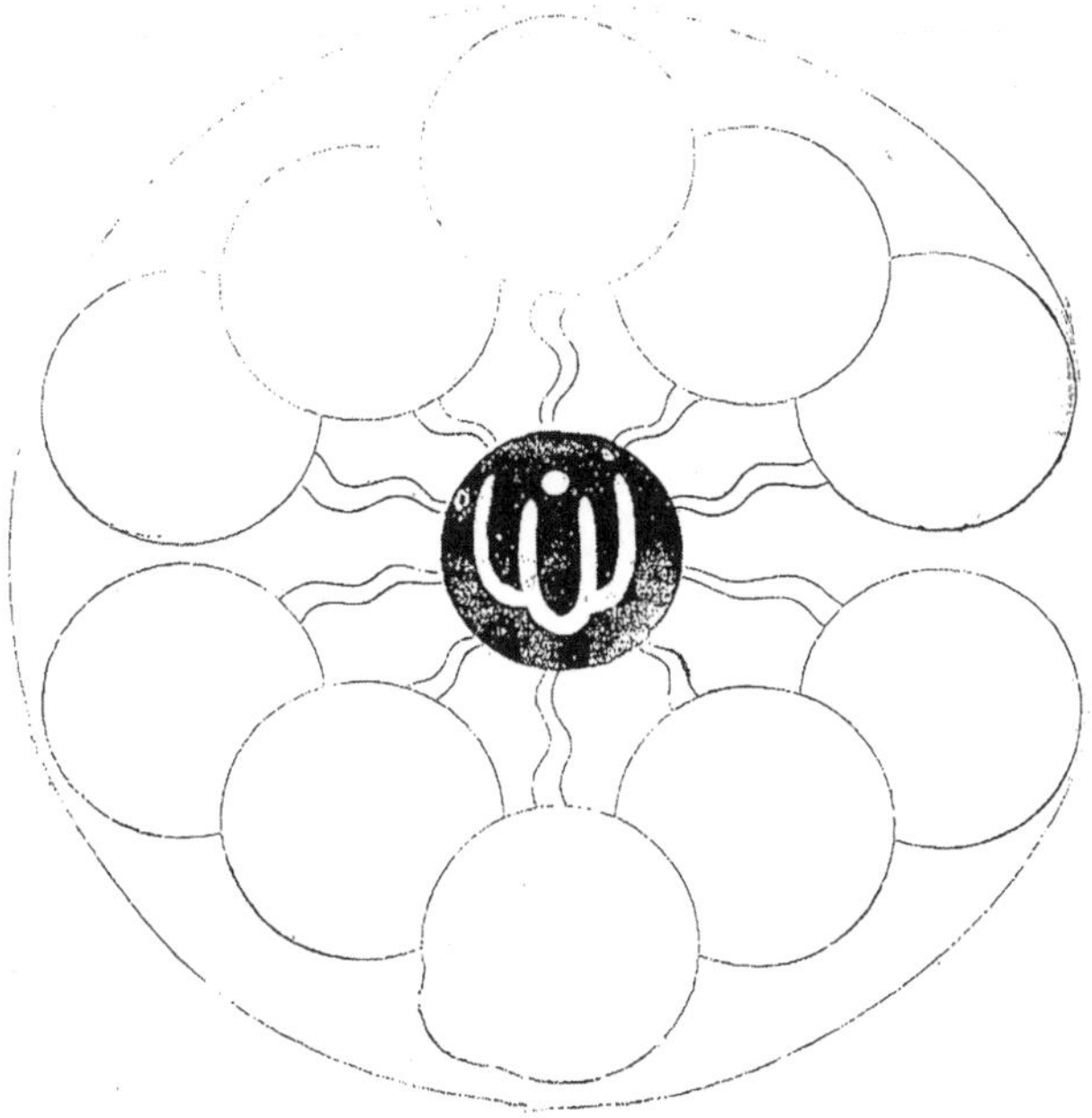

界（法界）では、本来一つのものである。そして、これらの二つの概念が、一性中に同時に存在していることを、これらの図は容易にありありと読者に納得させてくれる。

では、具体的に図の論述をする。まず、十法界についての遵式の解釈を示す。

十法界者、何也、十統諸法也。

十の法界とは、いったい何なのか。十という数は「諸法を統べる」という意味だ。遵式は「円頓観心十法界図」の一枚で、十法界の現起冥伏の

仏界現起九界冥伏之図

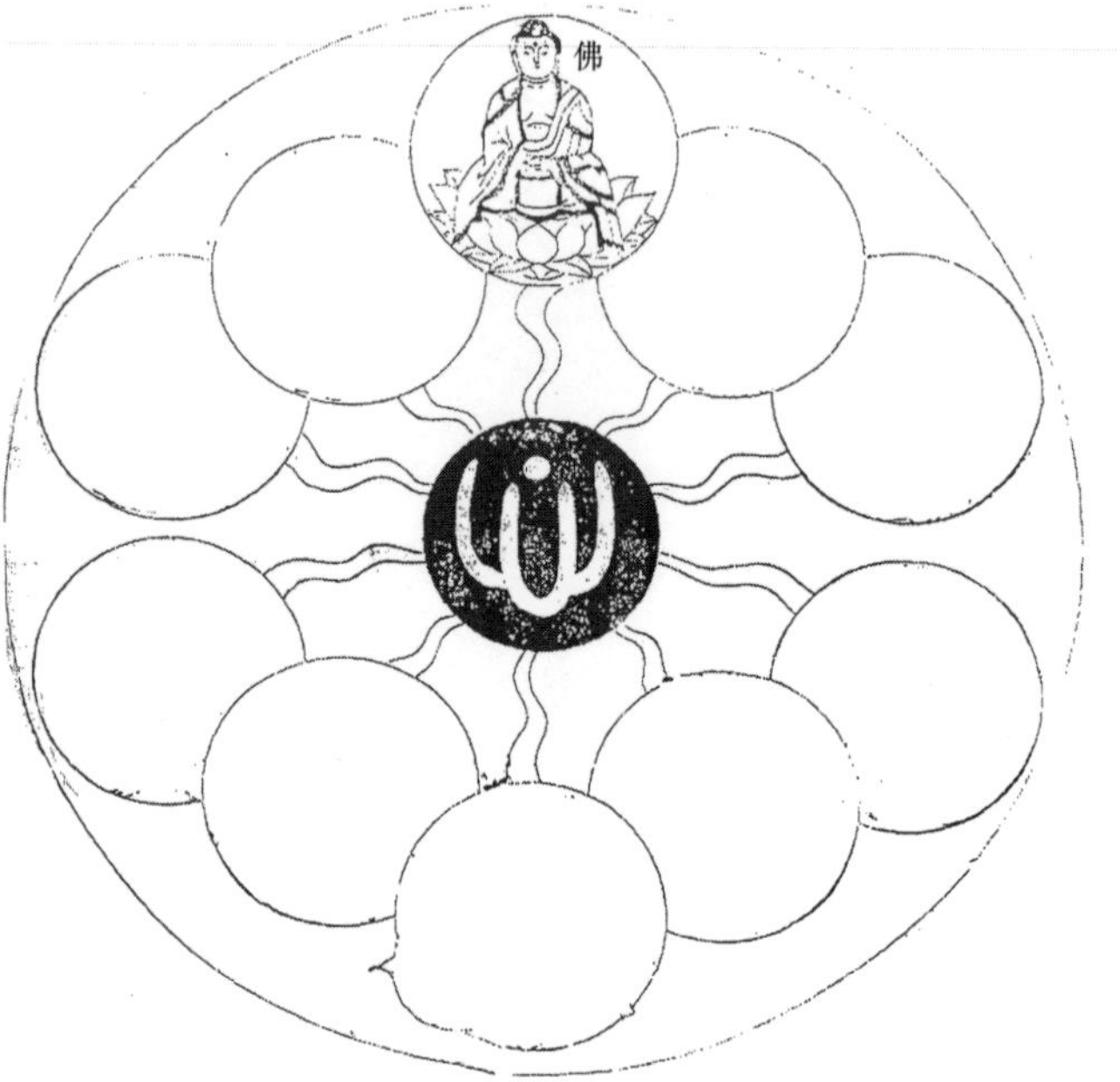

すべてを表現しようとしたのではないか。そして伝灯が十二枚すべてを一枚ずつ描いたのは、そのことによって天台の説く十界互具の在りようを具体化し明瞭にしたかったのではないか。他の十一枚は次の通りである。

一、「真如不変十界冥伏之図」は、十界のすべての人が冥伏している。

二、「仏界現起九界冥伏之図」として仏のみを現し、他の九界の人物は冥伏している。

以下、これに類する他の九界

菩薩界現起九界冥伏之図

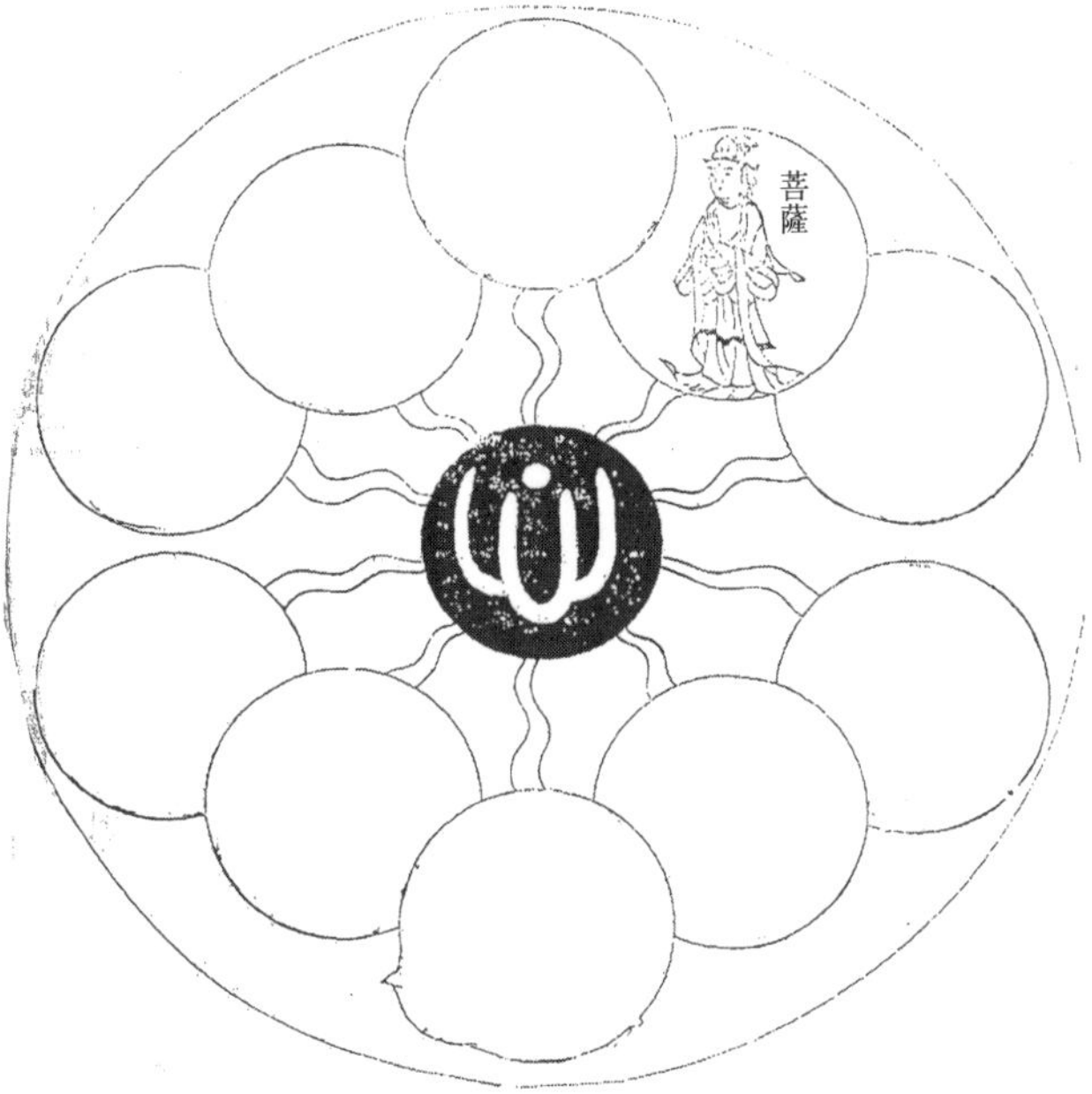

である。

三、「菩薩界現起九界冥伏之図」
四、「縁覚法界現起九界冥伏之図」
五、「声聞法界現起九界冥伏之図」
六、「天界現起九界冥伏之図」
七、「人界現起九界冥伏之図」
八、「阿修羅界現起九界冥伏之図」
九、「餓鬼法界現起九界冥伏之図」
十、「畜生法界現起九界冥伏之図」
十一「地獄法界現起九界冥伏之図」

遵式は一枚（十法界すべてを表す）だけ図を示している中で、次のような説明を加えている。

十法界者何也、十統諸法也、三諦

縁覚法界現起九界冥伏之図

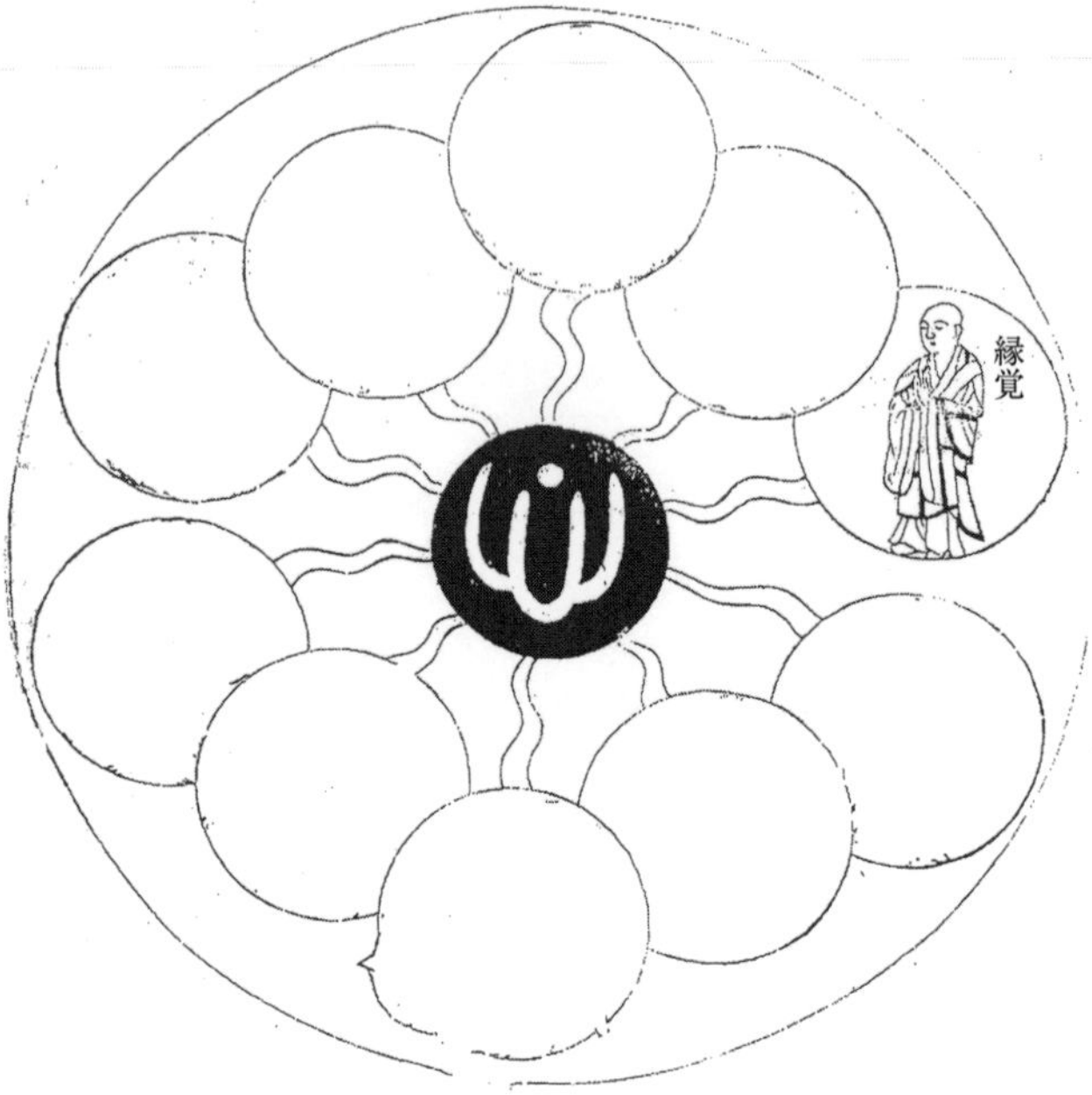

為界也。何者。謂仏以中為法界者也。菩薩以俗。為法界者也。縁覚声聞同以空。為法界者也。（『円頓観心十法界図』〈序〉卍続101・271b）

十法界とはどのようなものか。十とは諸法（さまざまなものの在りよう）を統合している。随縁する諸法が不変の真如に統合されるのである。界は「空」「仮」「中」の三つの諦からなる。何となれば、中諦は「仏法界」、俗諦は「菩薩法界」、真諦は「縁覚・声聞法界」のことである。

この中諦、俗諦、真諦は、それぞれ独立した諦でありながら、互いに

人界現起九界冥伏之図

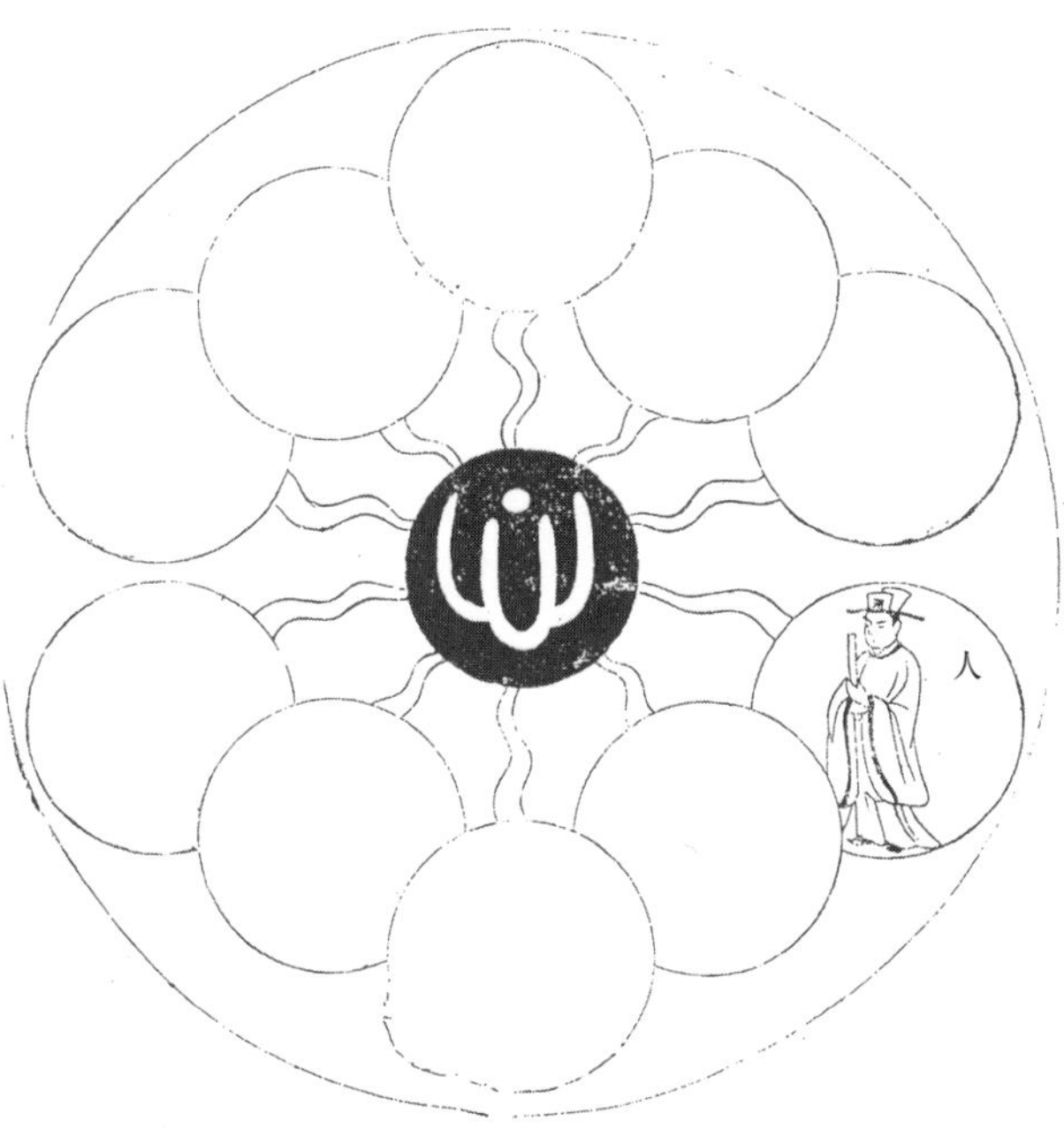

縁起の在りようをしており互具している。

ここでは、さらに三諦についても触れている。

三諦為界也。何者。謂仏以中為法界者也。菩薩以俗。為法界者也。縁覚声聞同以空。為法界者也。（『円頓観心十法界図』卍続101・271b）

三諦は界を為すという。つまり「仏界」「菩薩界」「縁覚・声聞界」のことである。その理由は、仏法界は中諦の在りようであり、菩薩界は俗諦の在りようをしており、縁覚・声聞法界は真諦の在りようをしており、

餓鬼法界現起九界冥伏之図

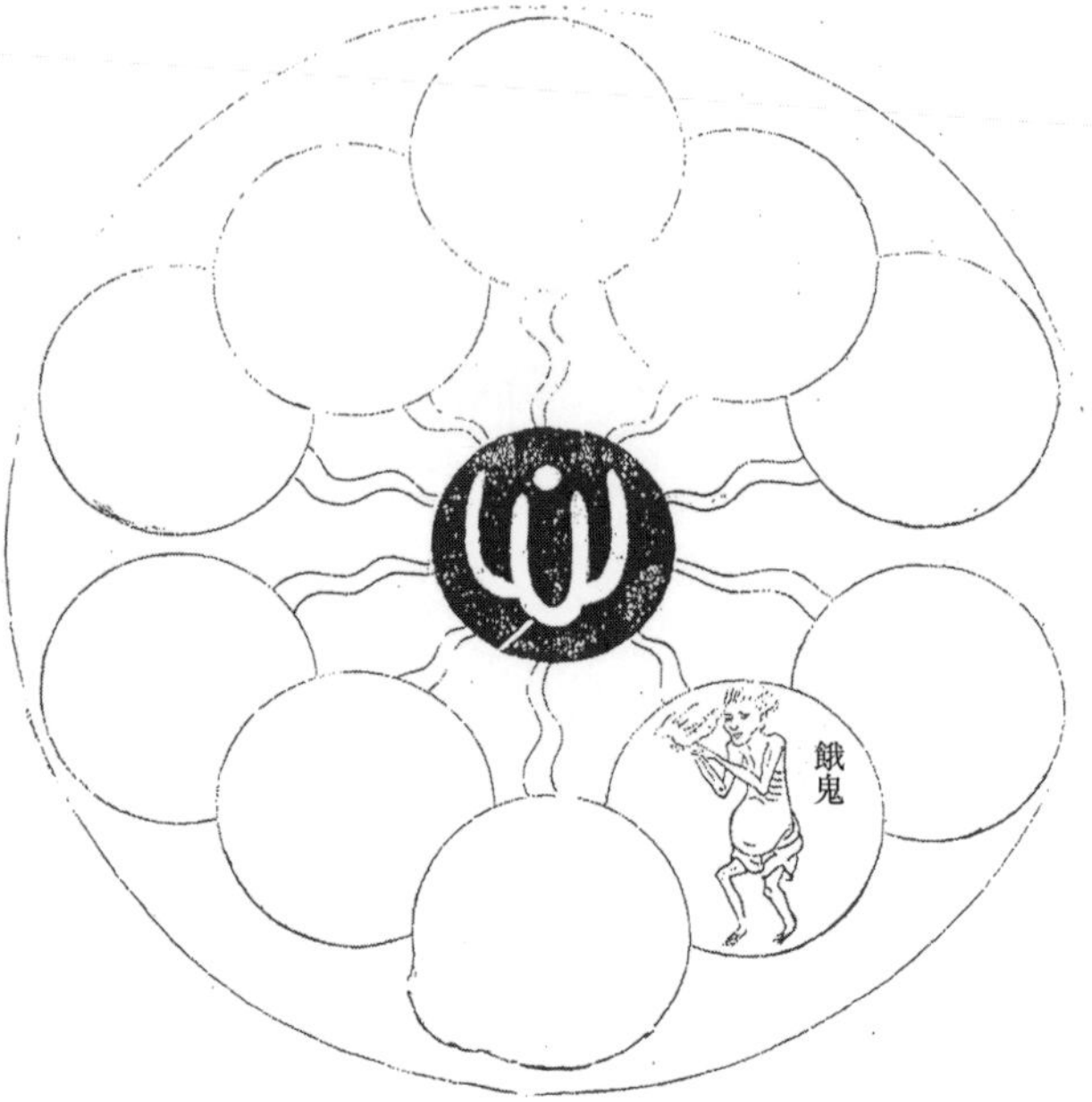

空である。

この「仏界」「菩薩界」「縁覚・声聞界」は、それぞれ中、俗（仮）、空であり、天台では即空即仮即中だから、互いにそれぞれの在りようで存在しつつ、即すなわち具であるから互具である。そして、仏界のみは善であり、菩薩界と縁覚界・声聞界は悪だから、各界には、善悪ともに同時に存在している。一性中に善と悪が存在しているのだ。

この様態を伝灯は「現起」と「冥伏」という。仏界には、仏界が現起して、菩薩界と縁覚・声聞界が冥伏

地獄法界現起九界冥伏之図

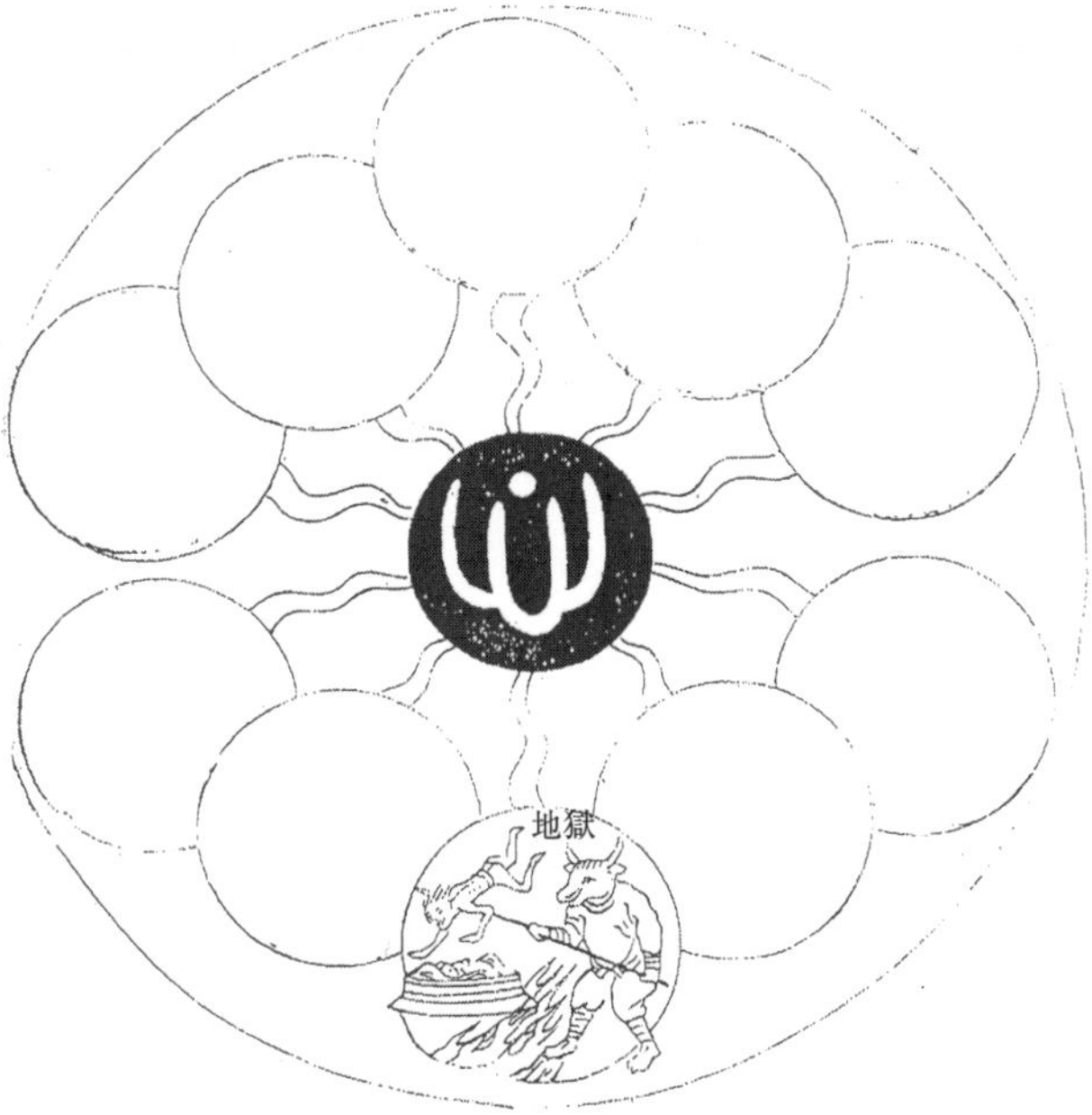

しており、菩薩法界には、菩薩法界が現起して、仏法界と縁覚・声聞法界が冥伏しているのだ。縁覚・声聞法界についても同様なことが言える。つまり、慈雲遵式の図と解説から「各一法界に善悪が存在するのだから、当然、一性中に善悪が存在することになり、性善悪論が成立する」と伝灯は言っているのだ。

天台師。聞諸於霊山。証諸於三昧。知其寂黙。非数所求。而強以数。数於非数。依法華。作十界百界三千権実。以明諸性。非合也。非散也。自然而然。曰諸法実相。使人易領也。

畜生法界現起九界冥伏之図

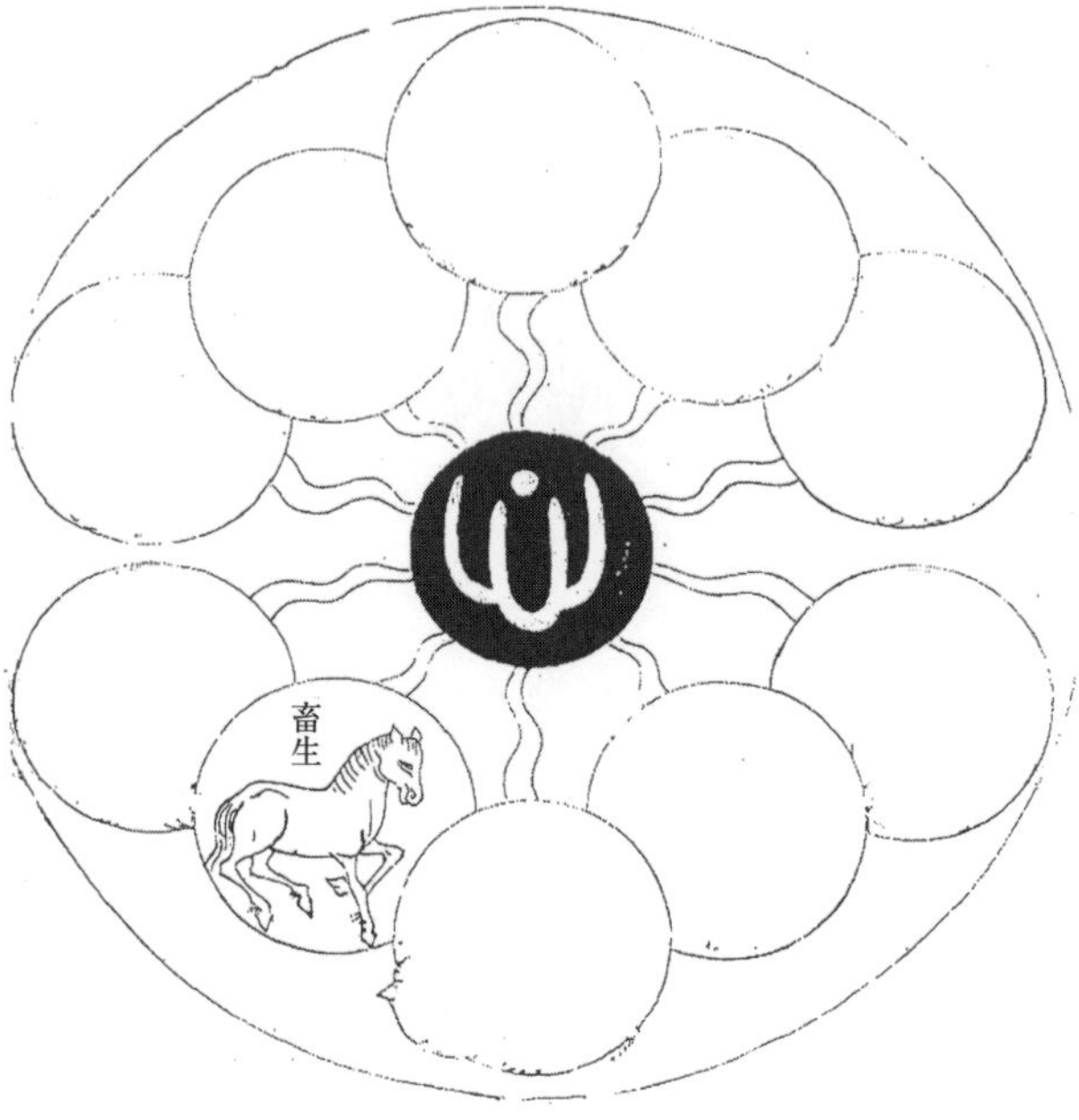

然後。示之一念空三千皆空。一念仮三千皆仮。一念中三千皆中。成円三観。観円三諦。以明諸修大智也。大行也。（『円頓観心十法界図』卍続101・271a－b）

この法界の在りようは、智顗が法華経により十界は百界三千権実をなし、諸法は実相であると理解した。そこで、一念をあげれば、ことごとく空・仮・中の在りようをしているのだ。

地獄鬼畜修羅人天。同以因縁生法。為法界者也。（『円頓観心十法界図』卍続101・271b）

阿修羅界現起九界冥伏之図

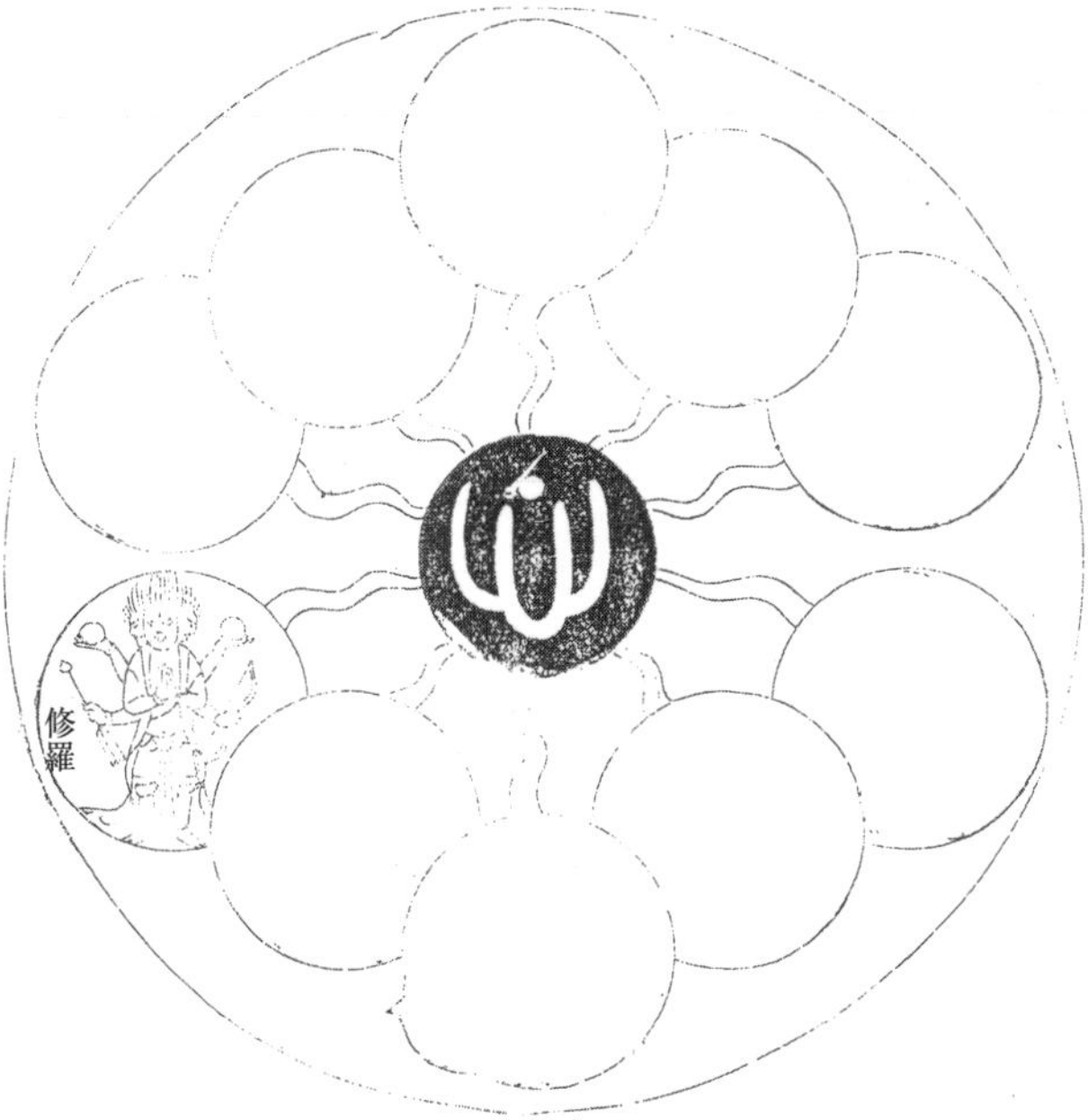

ただし、仏・菩薩・二乗以外の地獄・畜生・餓鬼・修羅・人・天の六界は因縁生の法だから、法界であるとする。

空仮中者。雖三而一也。十界者。亦一而十也。故使互含一復具九。如帝珠交映。成百法界也。一因縁一切因縁。一空一切空。一仮一切仮。一中一切中。良由於此。三千者。復何謂也。成界之法者也。（『円頓観心十法界図』卍続101・271b）

この空・仮・中の関係は、空仮中即空、空仮中即仮、空仮中即中であり、即法界即三千すなわち諸法実相

天界現起九界冥伏之図

である。

　これに似た記述は、智顗の著作の中の随所に顕れる。

　さて、遵式は、かの『円頓観心十法界図』〈序〉で、こう述べている。

　若人欲了知三世一切仏。応観法界性。一切唯心造。（『円頓観心十法界図』卍続101・271a）

　もし、三世の一切仏のことを知りたいならば、法界の性を観察すべきである。これらの一切は、唯だ心が造ったものである。

聲聞法界現起九界冥伏之図

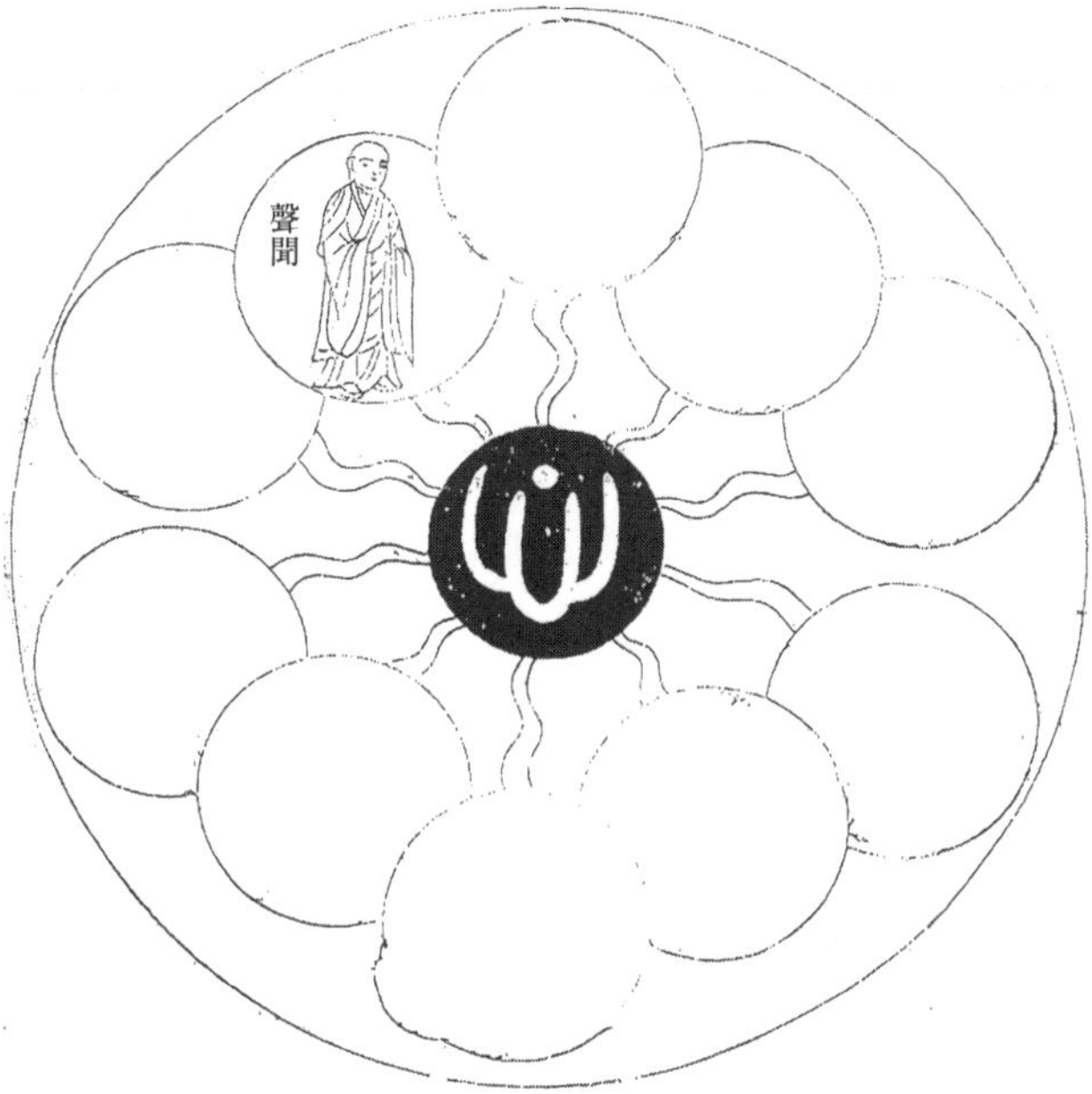

この文は、序を書いた王欽若が引用したものである。ここの「心造」は、「心が造った」と考えるよりも、文脈から判断して「心具もしくは心と法界が縁起の在りようをしている」と考えたほうがよい。何故なら、慈雲遵式の『円頓観心十法界図』の絵を見ると、一枚の図の中に十法界が揃って描かれており、十界互具の在りようと見たほうが正しいからだ。

さて、彼は言う。

慈雲法師。示我以観心之図。……。庶幾乎、仰承於師志也。（『円頓観心十法界図』卍続101・271a）

慈雲法師は、観心の図をわれわれに示した。願わくは、師を仰ぎその志を継承せん。

この言葉は、慈雲法師の図や文章の表面的な意味ではなくて、彼の志のあるところを讃仰して継承しようと述べているのだ。ところで、遵式は『円頓観心十法界図』を書いて、彼の十界互具、即空即仮即中観を述べようとした。

遵式の『円頓観心十法界図』の伝灯への影響——

さて、遵式の『円頓観心十法界図』からヒントを得て、伝灯がどのように『真如随縁十界差別之図』を十二枚も描いたのかを考えてみたい。

まず、遵式は『円頓観心十法界図』の中で次のように述べている。

経曰。如心仏亦爾。如仏衆生然。心仏及衆生。是三無差別。斯之謂歟。既知是已。当観日用。凡起一念。必属一界。既照此界。為九為仏。九則髄情偏起。謂之無明。……経曰。諸仏解脱。当於衆生心行中求。行於非道。能達仏道。斯之謂也。……今引心

于外。絵彼升沈之像。存志於中。観我是非之変。然後策心。内照正道由明題。為円頓観心十法界図。於一心字。派出十界。復引墨迭貫。方之聯珠。表一界界展転。具九。成百法界。

（『円頓観心十法界図』卍続101・272a）

経に言う。心仏のごときもその通りである。仏衆生もそうである。心仏及び衆生のこの三は差別が無い。というのはこのことを言う。知っての通り、日々に起こることを観察すると、およそ、一念の心が起こるとき、必ず一界に属する。仏界であったり、他の九界であったりする。九界は情につれて起こるので、無明という。……経に言う。諸仏の解脱は衆生の心の中に求めるべきである。非道を行じてよく仏道に達するというのは、このことである。『円頓観心十法界図』をつくり、一心に十法界を出現させる。一界一界が展転して九界を具し、百法界を成す。

次に、遵式は「当観諸図状」と言い、「仏界」（註2）について語っている。

若人。因読円満修多羅。及聞善知識所説。起浄信心。信已一念三道之性即三徳性。苦道即法身。煩悩即般若。結業即解脱。法身究竟。般若清浄。解脱自在。一究竟一切究竟。般若解脱亦究竟。……亦自在。即一而三。即三而一。非縦非横。亦非一異。法身常住。余亦常住。

楽我浄亦如是。是則常楽四徳。秘密之蔵。徧一切処。一切諸法。悉是仏法。既信是已。以境繋心。以心繋境。心境念念相続不断。必見法性。設未相応。当依一実無作四諦。起四大誓。無可求中吾故求之。依前苦道即苦諦。発一誓願。未度者令度。煩悩及業即集諦。発一誓願。未解者令解。苦道即法身。即是滅諦。発一誓願。未涅槃者。令得涅槃。煩悩即菩提。即是道諦。発一誓願。未安者令安。四弘不入。当巧安心。如是次第。具修十法。必入五品六根。及分証位。名仏法界。（『円頓観心十法界図』卍続１０１・２７２ｂ）

もし人が円満の経を読み、善知識の教えを聞くことによって浄心を起こして、さまざまな仏教の真理を悟れば、未だ覚っていない人も悟りが得られる。このようにして十法を修すれば、必ず分証位に及ぶから仏法界という。

これに対して伝灯は「仏界現起九界冥伏之図」を挙げて、次のように言う。先の文は遵式の記述の引用で文章は少し異なるが、文意はほぼ同じ。「仏界現起九界冥伏之図」には伝灯の解説がある。

釈曰。若約仏界。論方修之因転不転。感報之果定不定者。仏界既是究竟三身。則惟是定。

無不定義。若方修之因。二種中正以仏界現起。則九界冥伏。於一性之中。随外熏縁強弱不同。如初起一念仏界之心。名造居凡夫。（『円頓観心十法界図』卍続101・851a－b）

仏界が現起したとき、その他の九界が冥伏するのは一性の中にいることを表している。伝灯が遵式の図と文章を引用したのは、天台の「具」の具体的な在りようは主体のさまざまで複雑な心と境（客体の在りよう）の関わりの説明を企図しているからだ。だが、遵式には、伝灯の「仏界現起九界冥伏之図」に対比される図は見当たらない。伝灯のこの図では、仏界のみが現起し、他の九界は冥伏している。天台の具では、十界それぞれはある一界のみ現起すると同時に、他の九界は冥伏するのである。その理由は、現起している仏界と冥伏している他の九界は互具しており、縁に触れて仏界が現起して他の九界が冥伏しているに過ぎないからだ。

伝灯は、自身が描いた図によって、この点を具体的に且つ一目瞭然とわからせたかったのだ。この構造の根底には縁起思想があり、仏界と九界は縁起の関係にある故、仏界が現起して他の九界が冥伏する関係となりうるのだ。もし仏界も他の九界も無自性の在りようでなく、それぞれが孤然として存在しているのであれば、このような関係は成立しない。

さて、伝灯の「菩薩界現起九界冥伏之図」に触れる。まず、遵式は「菩薩界」のところで言う。

若観根塵一念（註3）。**為迷解本。迷故則有十界苦集。悟故則有四聖道滅。縁此無量四諦。起無量誓願。未度者。令度未解者。令解未安者。令安未涅槃者。令得涅槃善巧度生。慈眼視物。所集福業與衆生。共如是起一念者。名菩薩法界。**（『円頓観心十法界図』卍続101・273a）

伝灯の「菩薩界現起九界冥伏之図」を引用すれば、「菩薩法界者。法界図説云」。伝灯のこの部分の解釈は、次の通り。

釈曰。若約菩薩法界。論方修有転不転。果報有退不退者。……有転入円教二住者。此即教行二道。雖則不円。至於証道。証與円同是也。（『円頓観心十法界図』卍続101・853a）

菩薩法界について要約すれば、菩薩法界においては、修に転不転、果報に不退がある。遵式の図説と伝灯の解釈を十界すべてにわたって紹介すると煩瑣になるから、一部を省略し、仏界、菩薩界、人界、地獄界のみを記述し、他は脚注にまわす（註4）。

遵式の人法界では、こうなる。

若其念念（註5）**以五常。立徳五戒。修身於国惟忠。於家惟孝。謙損居衆中。正存誠。推徳於人。引咎向己。尊上卹下。給孤済貧。慚愧是懐慈和為性。深信因果。崇重三宝。精修斎戒。建立塔寺。但希世楽。無舛出心。貪惜自身。恋著眷属。是名人法界。**（『円頓観心十法界図』卍続101・273b）

念念に五常をもって五戒・道徳・人の道を守り、因果を深く信じ三宝を敬うなど善いこともするが、楽を願い、自身や眷属に執着するなどの悪い面もあるのが人法界であると述べている。

これについての伝灯の『性善悪論』では、「人法界者。法界図説云」と遵式の説を紹介する。伝灯の解釈は、次の通りである。

釈曰。約人界論方修転不転。果報退不退者。亦以一界現起。九界冥伏。於一性之中。随外熏縁。強弱不同。……心極易転。如論方修起念。於日用中。根塵相対。而有念生。於十界中。必落一界。（『性善悪論』卍続101・861a）

人法界は、この際、人法界が現起して、仏界や他の九法界は冥伏している。このようなことが起こるのは、不変の真如が随縁するとき、一性中で外熏の縁の強弱の不同によって現起する法界に違いが生ずる。だが、十界互具だから、人法界は人界などの悪と仏界の善を具している。それは、一性中に善と悪が存在していることでもあるのだ。ここに、一性中に善悪が在るという性善悪説が成立するのだ。

言い換えれば、人界が現起しているとは、この私が現に居るということである。そのときに仏界が冥伏しているとは、仏が私の眼には見えないが私とともに居られるという意味である。このことは、「一性中に善悪がある」という意味でもある。この善とは仏のことであり、悪とは煩悩具足の私（人間界）のことだ。仏と私が一性中に存在している。機法一体の在りようである。この関係を、天台では十界互具という。私と仏が一体、私が念仏を唱えれば、南無阿弥陀仏の言葉となった応身仏が常に私の口から出て下さるという意味だ。

阿修羅法界（註6）の法界図説については、註に挙げた。（註7）

根塵相対。而有念生。於十界中。必落一界。（註8）（『性善悪論』卍続101・861a）

一念（心）は根（眼などの主観のこと）と塵（色などの境、客観のこと）とが関わること（縁起）によって存在し、その心は、必ず十法界のいずれかの一法界に属する。

つまり、法界自体も縁起の在りようをしている。法界と法界は互具しているから、どの法界にも善悪を具す。性善悪は一念に縁起の在りようで、どの法界にも属しているのだということである。遵式の地獄界とは、次の通りである。

若人親近邪悪師友。及性自作悪。起増上心。念々相続。造上品十悪。謂殺盗婬妄言綺語。両舌悪罵貪嗔邪見。友五逆罪。犯四重禁。汚禁行人。沽酒酔乱。於君父師長。不思恩徳。横生熱悩。挫抑賢能。……如上等輩。死堕阿鼻大焦熱等八大地獄。行火途道。名地獄法界。

（『円頓観心十法界図序』卍続101・274a－b）

十悪五逆、四重禁を犯し、妄語、両舌、貪瞋、父母の恩を忘れ、邪見の人がゆく。

これについて伝灯は、次のように解釈している。

地獄法界者。法界図説云。……亦以一界現起。九界……（『性善悪論』卍続101・869a）

一界を見ると九界を起こし（註9）、一性中に冥伏する。造力の強弱により性は定まらないから、念々地獄の因となる。熏習により性を成し、転ずることができない。

伝灯自身の法界図説が語っている。地獄法界の一界を見ると、地獄とともに仏法界や他の法界を起こして、地獄が現起して、他の九界は一性中に冥伏する。つまり、善悪は一性中に現起、冥伏しているのだ。

遵式の『円頓観心十法界図』の末尾に「偈曰」と次の偈を紹介している。

三界無別法。一切唯心造。是故於日夜。当自勤観心。心欲起諸悪。速滅如救然。心欲起諸善。愛護如珍宝。行悪雖少頃。未来受苦長。為善向菩提。永証常楽果。（『円頓観心十法界図』卍続101・274b）

遵式は、この偈に続き、大略、次のように記している。

凡装彩十種心光。及世界状貌者。仏界作金色。菩薩界作五色。縁覚声聞二界。作青空色。天作上白色。人作白色。修羅六作黄色。餓鬼作青色。畜生作赤色。地獄作黒色。惟十種人。如常顔色。余地皆作空色。観此図者。当得一一著精彩。而知中善悪業縁。受報好醜顕著矣。

（『円頓観心十法界図』卍続１０１・２７４ｂ）

この図を画いた遵式は、「この図を観る者は、まさに一つ一つに精密な彩りを観得して、しかもその中に善悪の業縁を知って好醜の報いを明らかに受ける」ということを意図しているのである。

さて、この偈に「三界無別法。一切唯心造」という言葉がある。遵式は、「性具」と言わず「心造」と言う。彼のこの「心造」が文字通り「心が一切法を造る」という意味なのか。『華厳経』の経文「莫不従心造」文旨を引用しているが、この経文のように一切の現象が心によって造られるという意味ならば、伝灯の主張する性具説とは異なる。遵式によって描かれた図の意図は、本来、伝灯の性具説とは異なっていると考えたほうがよいのだろうか。私は、必ずしもそうではないと考える。その根拠は、遵式の『円頓観心十法界図』にある唯一枚の絵の存在だ。十界のすべての人物が描かれている。これは、十界互具の象徴ではないだろうか。互具は縁起と同義だ。さすれば、遵式の心造は縁起の意味で、決して心が造るという意味ではない。

伝灯の『性善悪論』の第一巻では、遵式の『円頓観心十法界図』の引用とその解釈に終始している。だが、本来、天台の「具」の概念は、智顗の『法華玄義』、『摩訶止観』に説かれている十界互具から招来されたもので、智顗の宗教的体験に基づく。故に言葉によって客体化して第三者（智顗と宗教的体験を同じくしない人）に説明し理解させることの難しいものなのである。そのことを知った伝灯は、言葉の図式化に思い至った。遵式のこの図説を利用したのだ。したがって、『性善悪論』を著して遵式の図説を紹介し、解説と解釈を思いついたのである。解説は、遵式の図説の伝灯なりの理解、解説は伝灯自身の見解である。

■註

1【円頓観心十法界図】…仏、菩薩、縁覚、声聞、天、人、修羅、餓鬼、畜生、地獄の世界の住人を表した図である。

2【仏界】…

一仏法界者。慈雲大師法界図（「円頓観心十法界図」）説云。「若人因読円満修多羅。及聞善知識所説。起浄信心。信已一念三道之性。即三徳性。苦道即法身。煩悩即般若。結業即解脱。法身究竟。般若清浄。解脱自在。一究竟一切究竟。般若解脱亦究竟。……亦自在。即一而三。即三而一。非縦非横。亦非一異。法身常住。余亦常住。楽我浄亦如是。是則常楽四徳。秘密之蔵。遍一切処。一切諸法。悉是仏法。既信是已。以境繋心。以心繋境。心境念念相続不断。必見法性。設未相応当依一実無作四諦。起四大誓。無所求中吾故求之。依前苦道即苦諦。発一誓願。未度者令度。煩悩及業即集諦。発一誓願。未解者令解。苦通即法身。即是滅諦。発一誓願。未涅槃者令得涅槃。煩悩即菩提。即是道諦。発一誓願。未安者令安。四弘不入。当巧安心止観。如是次第具修十法。必入五品六根。及分証位。名仏法界。（『性善悪論』卍続101・851a）

3【若観根塵一念】…

若観根塵。為迷解本。迷故則有十界苦集。悟故則有四聖滅道。縁此無量四諦。起無量誓願。未度者。令度未解者。令解未安者。令安未得涅槃。令得涅槃。善巧度生。慈眼視物。所集福業与衆生。共如是起一念者。名菩薩法界。（『性善悪論』卍続101・853a）

4【仏界、菩薩界、人界、地獄界のみを記述し、他は脚注にまわす】…

遵式は「縁覚界」について

若根塵念起。則了之従無明。生生故有行。行招名色乃至老死。三世相続。如儛火輪。因縁本空幻化不実。求自然慧。楽独善寂。観空心重。躭住寂定。雖得道果。不慕化人。復有観物栄落。悟世非常。開空得道。名為独覚。如是行者。名縁覚法界。（『円頓観心十法界図序』卍続101・273a）と。

伝灯の「縁覚法界現起九界冥伏之図」では、「縁覚法界者。法界図説云」。

若根塵念起。了之従無明生。生故有行。行招名色。乃至老死。三世相続。如舞火輪。因縁本空。幻化不実。求自然慧。楽独善寂。観空心重。耽住寂定。雖得道果。不慕化人。復有観物栄落。悟世非常。聞空得道。名為独覚。如是行者。名為縁覚法界。（『性善悪論』卍続101・855a）

要約すれば、道果を得ると雖も人を教化しようとは思わない。世の常ならざることを悟り、空を聞いて道を得るのを一人悟る（独覚、縁覚のこと）のを縁覚法界というと。

伝灯は、ここまでは遵式『図説』に添うが、さらに独自の見解を付け加える。

方修之因転不転。果報退不退。於下声聞法界中共論。

ここでは、「因の転不転。果報の退不退」のみに触れ、後の見解は「声聞法界」のところで一緒に論ずると言う。

遵式の声聞界の記述は、次の通り。

若根塵因縁随有一念。依色心故苦。由煩悩故集。厭苦断集。非対治如何。遂依四諦。修十六観。三十七道品。如救頭然。由四善根。得入無漏四沙門果。証二涅槃。会偏真理。不得仏法。不慕化人。……如此一念名声聞法界。（『円頓観心十法界図序』卍続101・273a）

要約すれば、四善根によって無漏四沙門果に入ることができる。二涅槃を証し偏った真理を会得するが、仏法を得ることができず、人を教化しようと思わないのが声聞法界である。

伝灯の『性善悪論』では、「声聞法界者。法界図説云」とあり、次のように説明を加えている。

釈曰。若約縁覚声聞二法界。論方修有転不転。果報有退不退者。亦以一界既起。九界冥伏。於一性之

中。髄外熏縁強弱。性不可定。……復有進不進。退不退二義。言不転者。惟修二乗之法而已。転則有二。一発心転為菩薩。二発心転為仏界。……転者。即蔵教二乗人。為通教大乗所接。或通教為別円二教所接。或従空入仮。学菩薩法。或空入仮中。修行仏道是也。（『性善悪論』卍続101・857a）

縁覚・声聞二法界は、修に転不転があり、果報に退不退がある。また、一界が現起すれば九界が冥伏する。外熏の縁の強弱に従い、性を定めることができない。進不進、退不退がある。転があり、一発心転で菩薩になり、二発心転で仏界となる。蔵教二乗の人が、大乗の別円教に接して、従空入仮、菩薩の法を学び、空入仮通仏道を修行するようになる。

遵式の説く天法界は、次の通り。

若其念起。多忻天楽。篤其善心。希於来報。斎戒純淨。飯食沙門。造立塔寺及仏形像。……於十善法。止作具修。自然成性。……良如此一念。名天法界。（『円頓観心十法界図序』卍続101・273b）

天法界に生まれるには、善心篤く、斎戒純浄、飯食沙門、造立塔寺及び仏形像を行い、十善法を修した人が生じると。

伝灯は、「天法界者。法界図説云」。

さらに釈して、言う。

釈曰。約天法界。論方修有転不転。亦以一界現起。九界冥伏。於一性之中。随外熏縁強弱不同。（『性善悪論』卍続101・859a）

上法界同様に外熏の縁の強弱につれて一界（天法界）が現起して、他の九法界は冥伏すると言う。そして、次のように結論付けている。

聞法入道。故遂心生。相随心転。初無定体也。(『性善悪論』卍続101・859b)

5【若其念念】…

若其念念。以無常立徳。五戒修身。於国惟忠。於家惟孝。謙損居衆。中正存誠。推徳於人。引咎向己。尊上恤(あわれむ)下給孤済貧。慚愧是壊(懐?)。慈和為性。深信三宝。崇重三帰。精修斎戒。建立塔寺。但希世楽。無升出心。貪惜自身。恋著眷属。如此一念。名人法界。(『性善悪論』卍続101・861a)

6【阿修羅法界】…

遵式の阿修羅界とは、次の通り。

若其念念。雖好修善布施斎戒。而多猜疑。孤疑進退。……外揚仁義。内無実徳。衆前談論。引長於我。不循理正。不愧賢能。如此行心是阿修羅界。(『円頓観心十法界図序』卍続101・273a)

念々に修善や布施斎戒を好むが、猜疑心が強く、外に仁義を掲げるけれども、内に徳が無い。それが原因である。

これについて伝灯は、まず次のように解釈する。

7【阿修羅法界の法界図説については、註に挙げた。】…

「阿修羅法界者。法界図説云」として、解釈する。

釈曰。約修羅界。論方修與搆作転不転。果報定不定者。亦以一界現起。九界冥伏。於一性之中。随外熏縁。強弱不同。若其念々如此立行。則定是修羅之因。(『性善悪論』卍続101・863a)

外熏の縁の強弱に髄って修羅界に生ずるが、この界が現起しているときには他の九界は同様に冥伏しているのである。

遵式は餓鬼界について言う。

若其念々無慚無愧貪求無足。慳恡鄙惜。不施一毛。剋削於人。裒帰於我。見人布施。傍起遮障。見人得利。心生熱悩。性多諂曲。常起邪見。人前正容。屏処放恣。破斎犯戒。恣貪飲食。不信罪福。不信因果。不信三宝。不孝所親。是名餓鬼界。（『円頓観心十法界図序』卍続101・274a）

この境涯は「貪求無足」、「見人布施。傍起遮障」、「不信因果」、「不信三宝」、「不孝所親」などの行為によって生まれるのであると。

伝灯の説は、次の通り。

餓鬼法界者。法界図説云。釈曰。約餓鬼法界。論方修與搆作転不転。果報定不定者。正以一界現起。九界冥伏。於一性之中。随其修力強弱。或起或伏。性不可定。若其念々如此。定是餓鬼法界。（『性善悪論』卍続101・865a）

餓鬼法界においてもこの法界が現起しているときは、他の九法界は冥伏している。この現象は一性中である。一界現起九界冥伏は性の在りようであり、性というものは不定であるから、伝灯は、仏法界……人法界……地獄法界がその修の力の強弱によって念々に或は起こり、或は伏すると言う。つまり、彼のこの説は、一性中に十法界は具されているとも解釈できる。

私は思うに、伝灯がこの遵式の『円頓観心十法界図（説）』を『性善悪論』の第一巻の中で長々と引用しているのは、天台の性に十法界を互具していると表示することの難しい思想を目に見える形で示したかったからであろう。

遵式の『図説』の畜生界とは、次の通り。

若其念々躭湎（沈む）五欲。貪多眷属。日増月甚而無厭足。曲理枉物。断不以公。非法取財。動不由義。秪図利己。不惻孤貧。明貪他財。魯扈抵揬。市易負直。公行劫奪。不忠不孝。無賢無愚。不信因果。不信三宝。……現同畜類。是名畜生法界。（『円頓観心十法界図序』卍続101・274a）

要点は、貪り多く、理を枉げ、己の利益をはかり、他の財を貪る。また、不忠不孝で、無賢無愚、不信因果で、仏法僧を信じないため生ずる。

伝灯は、「畜生法界者。法界図説云」。遵式の説を改めて紹介し、さらに釈曰、と自説を加える。

約畜生法界。論方修與搆作転不転。亦以一界現起。九界冥伏。於一性之中。随其外熏縁強弱。性不可定。若其念々如此。定是畜生法界。……以聞法因縁。得受記成仏。故六道之中。皆有仏力法力慈悲之力。転重為軽。化悪為善。直至解脱。倶不可定也。（『性善悪論』卍続101・867a）

迷いの六道法界は皆仏の力用、仏法の力、仏の慈悲の力の軽重、化悪為善などの因縁により解脱に到るが、時などは定めることはできないと言う。

一界見。起九界。冥伏於一性之中。随其造力強弱。性不可定。若其念々。作此地獄之因。相続不断。習以成性。則不可転。（『性善悪論』卍続101・869a）

8【根塵相対。而有念生。於十界中。必落一界。】…

智顗の『**摩訶止観**』の**五之上**に「**不可思議境者。如華厳云。心如工画師。造種々五陰。一切世間中。莫不従心造。**」（『摩訶止観』〈五之上〉大正46・52c）とある。

9【一界を見ると九界を起こし】…

以一界見。起九界。冥伏於一性之中。随其造力強弱。性不可定。若其念々。作此地獄之因。相続不断。

習以成性。則不可転。（『性善悪論』卍続101・869a）

第四節　四明知礼の性悪説

知礼の履歴――

知礼の詳しい履歴は、『四明尊者教行録』にある。

だが、本書ではあくまで主役は幽渓伝灯だから、知礼の履歴についてはその性説の理解に役立つ最小限の記述に止めたい。知礼は唐の湛然と並んで天台中興の祖と称賛されている人だから詳細な伝記が残されているが、あえて不要な部分を削ぎ落として骨格の部分のみを記す。『四明尊者教行録』の巻一に、「尊者年譜」の項がある。

真宗特賜法智大師之号時。称四明尊者。俗姓金。前漢金日磾之遠裔。後代為鄞人也。父諱経。母李氏。初以嗣息未生。誠志祈仏。偶夜夢梵僧遺一子。云是羅睺羅。泊生。因以為名。

（『四明尊者教行録』卍続100・880a）

真宗皇帝から特に法智大師の号を賜ったとき、四明尊者と称した。俗姓は金、前漢、金日磾の遠裔で、後代鄞人となる。父の諱は経、母は李氏。後継の息子が生まれなかったので誠心誠意仏に祈ったところ、偶々夜梵僧が一子を遣わす夢を見てから男の子が生まれたので、それに因んで釈迦の息子で弟子の羅睺羅と名付けた。

知礼は生時から仏縁の深かったことを述べている。

早年慕学。投蹟寶雲。遇授法師講説此品。……先師念我学勤。不辞提耳。故所説義麁記在心。昔同聞人。今各衰朽。……円宗哲人。刊正是望。時天禧五年歳。在辛酉八月一日絶筆。故序。（『観音玄義記』〈巻一〉大正34・892a）

知礼は早い時期に仏教を学びたいと思い立ち、寶雲のもとに弟子入りし、講義の席で『観音玄義』を聞く機会を得た。……先師（註1）は自分から念じて、修学に励み、文章をほとんど述べなかったのである。だから、その説で自分の心に残っていることを大ざっぱに記述するが、かつて同様に師の話を聞いた人々は衰え亡くなってしまった。……天台学者は正しい学説の刊行を望んだが、天禧五年八月一日に絶筆となった。

ということで寶雲の学説は残っていないので、その学説は残念ながら不明であるという。

塔銘曰。師年七歳属母喪。……由茲厭俗急於出家。……師年十五受具戒。……二十従本郡宝雲通法師。伝天台業観。……咸平六年。是歳日本国師。遣僧寂照等。本国天台山源信禅師。於天台教門。致相違。問目二十七条。四明憑教。略答随問書之。……景徳元年甲辰。時年四十五。撰十不二門指要鈔。景徳三年丙午。（四十七歳）是歳。師上銭唐昭公。十義書。序曰。景徳三年。臈月四明謹用為法之心。問義于浙陽昭上人。四年丁未。是歳上昭公観心二百問書序曰。景徳四年。四明比丘謹用為法之心。問義于浙陽昭講主。……天聖六年正月五日。戌時師端身。趺坐召大衆。説法畢驟（註2）**称阿弥陀仏号。数百声。奄然而逝。**（『四明尊者教行録』卍続100・880b‐884a）

供養塔の銘に述べている。四明師は七歳で母を喪くし、このため無常を感じて俗世間を厭い、俄かに出家した。師は十五歳で具足戒を受け、二十歳のとき宝雲義通師に従って天台の教観を伝授された。咸平六年四十五歳のとき、日本の天台学者源信禅師が寂照という僧を中国の浙江の天台山国清寺に派遣して、天台教門の疑義・二十七問を尋ねたので、四明師は逐一これに書面を以て答えた。その年、湛然の『十不二門』についての注釈書『十不二門指要鈔』を撰した。景徳三年四十七歳。銭唐浙陽の慶昭公に十義書を書いた。景徳三年十二月。慶昭に問義書を出す。景徳四年。慶昭より二百問書が届く。同年。四明は慶昭に問義書を出す。乾興六年正月五日。戌時。身を清め結跏趺坐して、大衆を召して説法をし終えるや、俄かに阿弥陀仏業を数百声称え、奄然として還浄した。六十九歳。

以上が簡潔な知礼の履歴である。彼の主要な著作には『四明十義書』『十不二門指要鈔』『観音玄義記』『金光明経玄義拾遺記』『金光明経文句記』『観無量寿経疏妙宗鈔』『観音義疏記』などがある。

知礼の性悪説の伝灯への影響——

四明知礼の性悪説は、懐則と伝灯の著作に大きな影響を与えた。

懐則は知礼の性悪説を継承して『天台伝仏心印記』を著し、伝灯は知礼の性悪説を批判した『性善悪論』を上梓した。知礼の性悪説は、懐則の『天台伝仏心印記』と伝灯の『天台伝仏心印記註』の中で重要な部分を論述したが、知礼の性悪思想は長期にわたり天台思想の眼目だったから、後学への影響は大きい。知礼に同調するか反発するかは問わず、彼らが幾ばくかの影響を受けたことは間違いない。「性善悪説」の伝灯然り、「性善説」の智旭然りだ。

天台で性について論ずる場合、知礼の性悪説は避けて通れない。それ故、伝灯も多くの紙面を割いて、われわれ読者に知礼の性悪説を紹介し、且つ批判しているのだ。伝灯の性善悪説の多くの部分は、知礼説に関っている。それほどまでに知礼の存在は大きいのだ。結論を言えば、性悪説なくして性善悪説はない。また、孟子の性善説なくして、性善悪説もないと言ってよい。

さて、知礼は『観音玄義』の要旨について次のように言う。

法界円融者。色心依正以即性故。趣指一法。遍摂一切。諸法遍摂亦復如是。法法互遍。皆無際畔。乃以無界。而為其界。此之法界。無不円融。即百界千如。百如千界也。是故得云唯色唯心唯依唯正。若不爾者。即非円融。（『観音玄義記』〈一巻〉大正34・892b）

知礼の性説では、「色心依正以即性」である。しかもこの即は、伝灯によれば具であり、さらに無自性、縁起でもある。単に心即性だけではなく色即性でもあり、心具三千（真如）のみならず色具三千（真如）であり、また心と三千は縁起であり、色と三千も縁起である。だから、心がなければ三千もなく、色がなければ三千もないのだ。

彼は、心だけでなく、ものもまた即性なのであるとする。この考えは、趙宋天台の長きにわたる大論争（註3）の重要な問題の一つ、三千に心具のみでなく色具をも許すか否かの原因となった。無論彼は「色即性」と言う以上、色具三千を認める。心を持っている衆生のみならず、心なき山川草木にも悟りを認めるのである。彼は何故そう考えたのだろうか。

色について知礼は、さらに自説を述べる。

若非色者。安得云放。若定是色。那名智慧。故知。色心其体不二。色性即智。智性即色。豈惟光然。一切色然。普現色身義。準可識。（『観音玄義記会本』〈巻二〉卍続55・59b）

色心はその体は不二であるから、色の本性は智であり、智の本性もまた色である。

この考えは、色性具智、智性具色と言い換えればわかりやすい。要するに、色性も智も縁起の在りようなのだ。知礼がこのように色の在りようが心と不二であるとか、色の本性が智であると重ねて指摘するのは、天台学派の学者の中に色具三千を認めようとしない者が多いからである。彼の説は、三千に色具を許すという点で極めて個性的だった。

此約妙境。顕其妙智。本具三千。……合掌低頭。縁之本也。（『観音玄義記』〈巻一〉大正34・893c）

主体にとっての場において「妙境によれば、その妙智が顕れる」とは、境が智を具しているから顕れることができるということである。境が智を具すとは、境と智が縁起の在りようをしており、お互いにもたれ合って存在しているからにほかならない。心といい、色といい、境といい、智と言っても、無論存在しないものは出てこない。さらに合掌低頭つまり日常の何気ない行為は本質（三千）によって起こるとは、妙境が妙智を具しており両者が縁起の在りようだからである。

知礼は智顗と同様に、主体にとっての場所から色・心の具を見る。主体の観も客体の諦・境も自己の介爾の妄心と具の関係（註4）である。実際の止観の場では、妄心の観によって妄心の境を観察している。自身の心によって自身の心を観察しているからである。観も境も諦もここを離れては存在しないのだ。心といい、色といっても、自己の妄心を離れては存在し得ないのである。知礼が、心具三千とともに色具三千を許すと言っているのは、このような論理による。

実相者。三千皆実相。相円融。而言一者。不二義也。（『観音玄義記』〈巻一〉大正34・894a）

実相について言えば、三千はすべて実相である（知礼は実相即三千、実相と三千は関わり合うことによって存在していると考えていることがわかる。先の「本具三千」は「本具実相」でお互いに円融する。しかも三千と実相は具で、且つ縁起の在りようなのだ）。しかも、一というからには、二以上の意味ではないのだ。

ここで相互に円融するというのは実相と三千（真如）とが相即していること、その即は具であるという意味だ。さらにまた、実相あるが故に三千があり、実相がなければ三千（真如）もないという関係だ。だから実相にも三千にも自性がないので、何ものにも碍えられることなく相互に円融するのだ。知礼のこの説明は、具の様態についての一例を示したのだ。
法華円教・天台円教について次のように論ずる。

円談性悪。了惑実相。即為能観。名実相観。定亦如是。名実相定。復以実相。名所顕身。即一而三。名定慧身。即三而一。同名実相。若昧性悪。何預初心。（『観音玄義記会本』卍続55・59ａ）

天台円教の立場から性悪を論ずれば、惑を実相であると了解するのである（知礼の性悪説は、惑と実相が即の在りよう、具の在りようであることだ）。この行為を能観・実相観（観は、観法）という。定も同様で、実相定（定は、心を一点に集中すること）という。主体である能顕（顕す）の観の客体・所顕（顕される）の法身もまた実相であるから、一に即して三であり、（具の在りよう、縁起の在りようをしていることをいう）定慧法身を言えば、三に即して一であり、（この即は、具の意味）同じく実相である。もしも性悪ということを理解できなければ、出発から間違っているのだ。

請観音云。或遊戯地獄。大悲代受苦。此是従迹抜苦。衆生不達本源。復流転苦悩。若識本

理。即於苦而得解脱也。（『観音玄義記会本』〈巻二〉卍続55・80ｂ）

『請観音経』に言う。あるいは、大悲の仏は地獄に遊戯（不変随縁）して、衆生に代わって苦を受け、これは（本ではなく）迹によって苦を抜くのである。衆生はこの本源に達しないから、流転して苦悩する。もしも、根本の理（如来蔵の中に居ること、随縁不変）を識れば、苦の身のまま解脱を得る。

智顗も知礼も仏性悪説は仏の大悲の顕現であり、これによって衆生は苦の身のまま解脱を得るという。これは、真如の不変随縁と随縁不変を述べている。

〈智顗の原文〉

料簡（註5）**縁了者。問。縁了既有性徳善。亦有性徳悪否。**（『観音玄義記会本』卍続55・81ａ）

縁了について問答すれば、問う。縁了には既に性徳の善がある。さらにまた、性徳の悪もあるや否や。

〈知礼の解釈〉

縁能資了。了顕正因。正因究顕則成果仏。今明性具縁了二因。乃是性徳具於成仏之善。若造九界。亦須因縁九界望仏。皆名為悪。此等諸悪性本具不。（『観音玄義記会本』卍続55・81ａ）

縁はよく了解を助ける。了は正因を顕す。正因がついに顕れれば、すなわち仏果と成る。今、性に縁了二因を具することを明かす。すなわち、この性徳は成仏の善を具す。もし九界を造れば、また因縁によって九界は仏を望む。皆、悪と名付く。これらのもろもろの悪性は、本来具するや否や。

智顗：答具。

知礼釈：只一具字弥顕今宗。以性具善。諸師亦知。具悪縁了。他皆莫測。故『摩訶止観』明性三千。『妙玄』（註6）**『文句』**（註7）**皆示千法。**（『観音玄義記会本』〈巻二〉卍続55・81ａ－ｂ）

具す。

只だ一つの具の字は、より明瞭に天台宗を顕す。性に善を具することは、他師もまた知っている。しかし、性に悪縁了を具することは、他師は皆、推し測ることができない。だから、『摩訶止観』に三千を明かし、『法華玄義』『法華文句』に三千（真如）の法を示す。

要するに、具は天台を顕し、性悪説こそ天台宗を顕しているのだと知礼は言う。このことは、『摩訶止観』『法華玄義』『法華文句』に述べられている。

智顗：問。闡提與仏。断何等善悪。
智顗：答。闡提断修善尽。但性善在。仏断修悪尽。但性悪在。
知礼釈：夫一切法不出善悪。皆性本具。……以皆本具。故得名為性善性悪。（『観音玄義記会本』卍続55・81ｂ－82ａ）

問う。闡提と仏とどのように善悪を断ずるや。

答える。闡提は善い行いを断じ尽くし、ただ性の善のみ在る。仏は悪い行いを断じ尽くして、ただ性悪のみ在る（この考えは、知礼の性悪説の中心概念である。だが、この論理構造に無理があるように考えた伝灯は、闡提にも仏にも自然に適応できる性善悪説を主張する。思うに、性に善悪が存在すれば、闡提の性善、修悪、仏の性悪、修善という論理構成はいかにも不自然で、矛盾が在るように感じる。闡提も仏も性に善悪が存在するという伝灯の性善悪説の論理構造のほうが、私には受け入れやすい。だから知礼の解釈でも、かの一切法は善悪に収まる）。皆、性を本来具足している。皆、性を本来具足しているから、性善性悪と名付けると、一見、彼自身の性悪説と異なった論理が提示されることになる。

つまり、仏も闡提も本来、性に善悪を具足している。闡提は善い行いを断じ尽くして、性善のみが在る。仏は悪い行いを断じ尽くして性悪のみが在る。これは天台性悪説ではなくて、伝灯の性善悪説の論理だと考えたほうがよりよい。

十界互具を説明するには、性と修が十界のどの段階にも具足していなければならず、仏は修善悪性善悪、闡提は修善悪性善悪という論理になる。だが知礼の性悪説は、仏の性悪修善と闡提の性善修悪である。本来、仏と闡提はともに自性はなく、お互いに縁起の関係で存在しており、性善と性悪も縁起の関係、修悪と修善も縁起の関係にあるから、一見矛盾するように思えるこの論理だが、成立しないことはない。

ここに「断」という言葉が出てくるが、「断」は言うまでもなく不断と縁起の関係にあるから、断即不断となる。このような在りようを、天台では「具」という。「具」とは、即でもある。それ故、断即不断、断具不断、さらにまた断と不断との絶対矛盾の自己同一という論理を、何の矛盾もなく成立させる無自性の在りよう、縁起の在りようがあることが、仏教の優れた論理なのだ。

■註

1【先師】…宝雲のこと。

2【驟】…「にわか」と読む。

3【趙宋天台の長きにわたる大論争】…色具三千を許す知礼などの山家派と、色具三千を許さない山外派の間で行われた激しい論争のこと。

4【妄心と具の関係】…『摩訶止観』（大正46・54ａ）介爾有心即具三千。

5【料簡】…天台では問答のこと。

6【『妙玄』】…『法華玄義』のこと。

7【『文句』】…『法華文句』のこと。

結論

幽渓伝灯の思想について考えるにあたり、彼の先輩学者である智顗の『摩訶止観』『観音玄義』『法華玄義』、知礼の『観音玄義記会本』、遵式の『円頓観心十法界図』、懐則の『天台伝仏心印記』、真覚の『三千有門頌略解』などの著作を精査しつつ、彼らの「性説」が伝灯思想へどのような影響を与えたのかを検証した。

それと同時に、伝灯自身の著書『性善悪論』『天台伝仏心印記註』『法華玄義輯略』を読んで感じたことをまとめてみた。そして、彼が、智顗の『摩訶止観』や『観音玄義』の思想と知礼らの天台性悪説の影響を受けながらも、天台性悪説の意味と具の意味を、慈雲遵式の『円頓観心十法界図』に出会うことによって、「現起」と「冥伏」という概念を触媒にして、独自の『性善悪論』にまで高めた。

伝灯の著書を読まれた方がまず最初に気付くのは、『性善悪論』『浄土生無生論』といった書名の独創性である。「性善論」でも「性悪論」でもなく、「浄土生論」でも「浄土無生論」でもない。つまり、伝灯は意識して「性」の「無善悪」、「生」の「無生」との「縁起」関係を主張したのである。この縁起を彼自身の性善悪説の基礎に据えることによって、智顗の諸概念の意味を系統付け、その概念が持つ意味を正しく把捉し、具が天台の重要な概念であると位置付けた。また、この具が智顗の著作にしばしば登場する即と同義であることを理解した。さらに、これら二つの概念が縁起を意味することが明らかになり、権と実、現起と冥伏、真如と如来蔵、不変随縁、随縁不変が連結していることに気付く。

ここから、慈雲遵式の『円頓観心十法界図』の一枚が持つ意味を探ることにより、これを『真如随縁十界差別之図』の十一枚へと拡張して、それぞれの法界の在りようを図にしてみると、各界が現起するとき、その他の九法界は冥伏するが、現起した一法界も冥伏した九法界も、有無の在りようではなく、すべて存在していることに気が付いた。十法界のすべてに、善の仏法界と悪の九法界が同時に存在しているのだ。一性中に善悪が具されている。よって、ここに性善悪説が誕生するのである。

伝灯の十界の現起と冥伏、一性中に善悪が具されているという言葉は、言い換えれば、機法一体を意味する。仏と私が同時同処に居るということである。応身仏は言葉にもなるから、南無阿弥陀仏は言葉になった仏である。この私の口から出て下さった仏である。私が念仏を唱えるとき、仏は私とともにあるのだ。これは天台の説く十界互具、伝灯の言う人界現起、仏界冥伏ということでもある。

さて、「名は体を表す」と言うが、伝灯の著書の書名にも彼自身の強い意志が反映されている。「性善悪」という名前には、彼の性論に展開されている「性は理であり、理に善悪はない」という考え、すなわち「性に善悪はない」という主張が盛り込まれている。

まず、彼の「性論」は、知礼が主張するような「性悪説」ではない。その書名のように「性無善悪説」「性善悪説」、もしくは「性無善無悪説」と呼べるものであることがわかった。つまり、彼は先輩学者たちの業績を綿密に検討し、思索を重ねた結果、「性に善悪はない」という「性無善悪説」という結論に達したのだ。この結論は、知礼によって天台学の眼目となり、数百年間にわたり天台哲学を中国仏教思想史界の異端思想としてユニークな立場を堅持させてきた「性悪説」を超克することとなった。

だが、伝灯が性善悪説を構想するにあたり、天台大師智顗の『摩訶止観』の影響を大きく受けたことは、幽渓伝灯の思想の骨格と智顗の思想の骨格の構成を比較してもらえば明瞭になる。「現起と冥伏」の概念に依拠して、伝灯が性善悪説を構想した部分ですら、智顗の『観音玄義』に根拠となる文章がある。それ故、智顗の思想の構成と伝灯のそれは、非常によく似ていることが理解できる。

■引用文献

性善悪論　伝灯
浄土生無生論　伝灯
浄土生無生論会集　達黙
観音玄義　智顗
観音玄義記　知礼
天台伝仏心印記　懐則
幽渓傳燈の教學　安藤俊雄
法華玄義輯略　伝灯
法華玄義　智顗
円頓観心十法界図　慈雲遵式
法華経
法華玄義釈籤　湛然
摩訶止観　智顗
止観輔行伝弘決　湛然
涅槃経
華厳経

天台伝仏心印記註　伝灯
法華文句　智顗
法華文句記　湛然
三千有門頌略解　百松真覚
宗論　智旭
法華大意　湛然
浄土生無生論註　正寂
観音玄義記会本　知礼
普賢観経
三千有門頌略解〈復刻〉　智旭
又附有門頌解序　憑夢禎
大品般若経
新続高僧伝
天竺別集
四明尊者教行録
請観音経

竹本　公彦（たけもと きみひこ）

1939年　福岡県生まれ
東京大学文学部卒業　アジア思想専攻
東京大学人文科学研究科修士課程修了　アジア文化専攻
著書
「のんびり生きろよちびっこ紳士」―佃公彦の世界　西日本新聞社刊
「フジ三太郎の文化と人生哲学」―サトウサンペイ論　風詠社刊
「天台学者の浄土思想」　中央公論事業出版社刊
「三四郎と東京大学」―夏目漱石を読む―　風詠社刊
「現在の新聞漫画を読む」風詠社刊

「天台学」―仏の性善悪論―

2018年8月18日　第1刷発行

著　者　竹本公彦
発行人　大杉　剛
発行所　株式会社 風詠社
〒553-0001　大阪市福島区海老江 5-2-2
大拓ビル 5-710
Tel 06（6136）8657　http://fueisha.com/
発売元　株式会社 星雲社
〒112-0005 東京都文京区水道 1-3-30
Tel 03（3868）3275
装幀　2DAY
印刷・製本　シナノ印刷株式会社

ISBN978-4-434-24965-5 C3015